스마트 거버넌스

스마트 거버넌스
초연결 지능정보사회의 온라인 공론장과 거버넌스

초판 1쇄 발행 2021년 5월 17일

지은이 윤종빈·김기태 외 | 미래정치연구소 편

펴낸이 김선기
펴낸곳 (주)푸른길
출판등록 1996년 4월 12일 제16-1292호
주소 (08377) 서울시 구로구 디지털로 33길 48 대륭포스트타워 7차 1008호
전화 02-523-2907, 6942-9570~2
팩스 02-523-2951
이메일 purungilbook@naver.com
홈페이지 www.purungil.co.kr

ISBN 978-89-6291-902-8 93340

이 단행본은 2019년 대한민국 교육부와 한국연구재단의 지원을 받아 수행된 저서임 (NRF-2019S1A3A2098969).

미래정치연구소 학술 총서 시리즈 13

스마트 거버넌스

초연결 지능정보사회의 온라인 공론장과 거버넌스

푸른길

이 책은 명지대 미래정책센터가 수행하고 있는 한국연구재단 한국사회과학지원사업(이하 SSK: Social Science Korea) 연구의 일부로 기획되었다. 동 사업은 한국 유권자의 정치 참여 제고를 위한 요인으로 정당과 사회적 자본의 역할에 주목하고 있으며, 대의제 민주주의가 성공적으로 운영되기 위해서는 대표자에게 권력을 위임한 유권자의 상시적인 감시와 견제, 그리고 참여가 필수적이라는 시각을 견지하고 있다. 명지대 SSK 사업은 '지역 다양성과 사회통합'이라는 어젠다를 기반으로 2013년 9월에 시작한 소형 단계와 2016년 9월에 시작한 중형 단계를 성공적으로 마무리하였다. 그리고 2019년 9월부터 '대의민주주의 강화를 위한 시민-정당 연계 모델과 사회통합'이라는 주제로 다양한 사회갈등을 연구하고 분석하여 사회통합을 위한 새로운 분석틀을 정립하고자 대형 단계 연구를 수행하고 있다.

명지대 SSK 연구단의 대형 단계에서는 정보통신기술의 발달로 인해 촉발된 초연결 지능 사회로의 이행에 주목하며 이를 다양한 이론적 관점과 실증적 분석을 통해 규명하고자 한다. 학제간 융합연구(정치학, 미디어 커뮤니케이션학 등)를 통하여 초연결사회의 각 노드에 해당하는 정부, 정당, 기업. 시민, 시민사회 커뮤니티간의 상호작용을 종합적이고 심층적으로 규명하고 이를 통해 우리 사회 공론장의 이념적 양극화와 분열 양상에 대한 해결책을 모색하며, 사회적 포용을 위한 촉진자로서 지능정보화 기술(DNA 기술: Data, Network, AI 기술)에 기반한 스마트 미디어의 활용에 대한 논의를 확대하고자 한다. 본 연구단은 이러한 연구 성과를 바탕으로 구체적인 정책적 제안을 도출하고 4차 산업 혁명 시대의 사회 통합을 위한 새로운 정치적 모델을 제시하고자 한다.

이와 더불어 본 연구단은 현대 대의제 민주주의가 위기에 직면한 상황에서 그 해결 방안으로 정보화 기술이 민주주의의 성숙과 공고화에 주요한 도구가 될 수 있다는 점에 착안하여 정치 과정에 정보통신 기술을 적극 활용할 수 있는 방안을 모색한다. 이를 통해 가짜뉴스 문제나 집단 양극화, 개인정보 침해와 같은 디지털 사회의 문제점을 해결하기 위해 정부, 미디어, 시민 각 주체가 긴밀한 협의하에 서로의 역할을 조정하고 문제 해결에 수평적으로 참여하는 스마트 거버넌스(smart governance) 구축을 위한 방향을 제시하고자 한다.

이 같은 초연결 지능사회에서 우리 사회가 갖고 있는 문제를 진단하고 그에 대한 해결책을 제시하기 위해 초연결 지능정보사회 문제를 중점적으로 탐구한 명지대 SSK 연구진들이 한국연구재단의 지원을 받아 대형 단계 2년 동안 수행한 연구결과의 일부를 이 책에 담았다. 이 책의 제1부에서는 '스마트 기술 발전과 직접 민주주의'라는 대형 단계 2차년도 첫 번째 연구 목적에 초점을 맞춰 '초연결 지능정보사회와 공론장의 변동'이라는 주제로 온라인 공론장에서의 정치적 갈등 및 이념적 대립 양상을 살펴보았다. 제2부에서는 '정당과 시민사회의 거버넌스'라는 대형 단계 2차년도 두 번째 연구 목적에 초점을 맞춰 '초연결 지능사회와 스마트 거버넌스'라는 주제로 4차 산업혁명 시대의 미디어 환경의 변화와 뉴스 미디어의 이념적 지형을 살펴보고 그러한 환경 변화 속에서 스마트 미디어로 인해 발생하는 다양한 문제에 대응할 수 있는 시민, 정부, 그리고 언론의 역할과 협치 거버넌스 구성에 초점을 두어 성숙한 민주주의의 발전 가능성을 모색하였다.

제1부의 제1장 '초연결 지능정보사회에서의 민주주의'(한의석)는 초연결 지능정보사회에서 대의제 민주주의와 정당정치가 어떻게 변화하고 있으며, 변화할 것인지 논의하였다. 본 논문은 소셜미디어(social media), 마이크로 타기팅(micro-targeting), 블록체인(block-chain), 인공지능(artificial intelligence:AI) 등의 지능정보기술이 정치적으로 어떻게 활용되고 있는지 살펴보고 이러한 지능정보기술이 대의민주주의의 미래에 어떠한 전망을 제시하고 있는지 살펴본다.

제2장 '온라인 공론장과 정치콘텐츠의 댓글효과'(김하나)는 초연결 지능정보사회에서 민주적 의제 설정 공간으로서 온라인 공론장의 등장에 주목하며 전통적인 공론장과 온라인 공론장과의 차이점을 설명한다. 특히 온라인 공론장의 참여 수단으로서 '인터넷 댓글'에 주목하고 댓글의 영향력과 정치 캠페인에서의 댓글 효과에 관하여 논하였다.

제3장 '온라인 공론장에서의 한국인의 이념 갈등 표출에 관한 연구'(김진주·윤종빈)에서는 새로운 온라인 공론장으로 부상하는 유튜브 그룹채팅을 통하여 언론사별로 유권자들의 이념 갈등이 어떻게 표출되는지 텍스트마이닝을 통하여 분석하였다. 유튜브 채팅 단어 분석 결과 이념성향이 명확한 뉴스 채널에는 상대 진영에 대한 부정적 채팅이 다수였던 반면, 이념성향이 명확하지 않은 채널일수록 긍정적인 내용의 채팅이 나타나는 경향을 확인할 수 있었다. 다시 말해 오랜 사회 균열 구조인 이념 갈등은 코로나19 속 온라인 활동이 늘어나고 있는 상황에서 오프라인을 넘어 온라인 공론장의 영역으로까지 확대되고 있음을 확인할 수 있었다.

제4장 '텍스트 스케일링을 통해서 본 한국 뉴스 미디어의 이념적 위치: '검찰' 관련 사안을 중심으로'(박지영)에서는 지난 1년간 한국 사회에서 검찰을 둘러싼 정치적 논란과 여론의 적대적 양극화 현상에 주목하여 검찰을 다루는 언론의 편향성을 밝히고자 하였다. 주요 일간지의 사설을 추

출하여 전처리 과정을 거쳐 텍스트 스케일링(text scaling) 방법인 워드피시 모형(word fish model)을 이용하여 미디어의 이념적 편향성을 비교한 결과 한국 사회의 심각한 양극화의 이면에는 이처럼 정치 이념 성향에 있어 대립적 경쟁 관계에 있는 뉴스 미디어가 정치와 사회의 분열을 촉진시키는 갈등 기제로 작용하여 건전한 공론장의 역할보다는 사회의 양극화를 강화하는 역할을 주도하는 것이 주된 원인으로 작용하고 있다는 점을 확인하였다.

제2부의 제5장 '4차 산업혁명 시대와 미디어 환경의 변화'(문신일)에서는 4차 산업혁명으로 빠르게 변화하고 있는 시대에 미디어 환경은 구체적으로 어떻게 재편되고 있는지, 미디어 생태계 변화는 사회 전반을 비롯한 산업·문화·정치·윤리 등 다양한 분야에 어떠한 영향을 미치는지 등을 종합적으로 분석하고 있다. 결론적으로 미디어 자체는 가치중립적이고 뉴 미디어 기술이 초연결 지능정보사회에 문제 해결의 수단으로서 유용할 수 있음을 제시한다.

제6장 '유튜브 저널리즘과 거버넌스'(김기태·윤종빈)에서는 유튜브 저널리즘이란 무엇인지 알아보고 유튜브 저널리즘의 등장 배경과 현황을 소개한다. 다음으로 유튜브 저널리즘의 특징을 다루면서 유튜브 저널리즘 경향으로 인해 발생하고 있는, 혹은 발생할 수 있는 다양한 문제점들

을 살펴본다. 본 장에서는 이러한 문제들을 소개함과 동시에 그러한 이슈들을 해결할 수 있는 정책적 움직임을 조망하고 그러한 정책적 움직임 속에서 민간·공공 영역은 초연결 지능정보사회에 대응하는 기존과 다른 새로운 거버넌스(Governance)를 구성해 나갈 수 있을지 그 가능성을 가짜뉴스 문제해결에 초점을 맞추어 살펴본다.

제7장 '정보통신기술을 활용한 로컬거버넌스 구축 사례연구: 타운미팅의 실험'(정수현)에서는 정보통신을 이용한 스마트 거버넌스가 지역 차원에서 실제 적용된 사례를 분석한다. 이러한 로컬 차원의 스마트 거버넌스가 사회적 갈등을 고조시키는지 아니면 참여자들 간의 상호교류와 쟁점에 대한 숙의를 통해 사회적 합의에 이르는 데 기여하는지 포르투알레그리(Porto Alegre)의 주민참여예산제(participatory budgeting)의 온라인 참여와 네트워크 컴퓨터, 무선 키패드, 비디오 스크린 등의 정보통신기기를 적극 활용한 뉴잉글랜드의 타운미팅 사례를 통하여 분석한다. 마지막으로 위 사례 분석을 통하여 로컬 차원의 스마트 거버넌스가 숙의 민주주의에 던지는 정책적 함의를 논한다.

이 책은 초연결 지능정보 사회로 접어든 한국사회에 내재된 다양한 문제들에 대한 처방책으로 온라인 공론장의 문제점을 지적하고 지능정보기술이 대의 민주주의 제도 속에서 시민의 건전한 참여와 소통의 수단으로서 기능할 수 있는 방안을 제시한다. 또한 정보통신 기술의 발달로 인해 바뀐 새로운 미디어 지형에서 이전보다 시민들의 폭넓은 정치 참여의 길을 확보하고 시민들의 다양한 정치적 욕구를 반영하는 수요자 중심의 소통 방식이 요구되는 정치 환경을 조성하는 데 새로운 정보통신 미디어와 소셜 미디어 플랫폼이 어떻게 긍정적으로 기여할 수 있는지 그리고 그러한 환경을 조성하기 위해 스마트 거버넌스를 어떻게 구성해야 하는지 그 방안과 사례를 제시하고 있다.

윤종빈·김기태

| 차 례 |

제1부

초연결 지능정보사회와
공론장의 변동

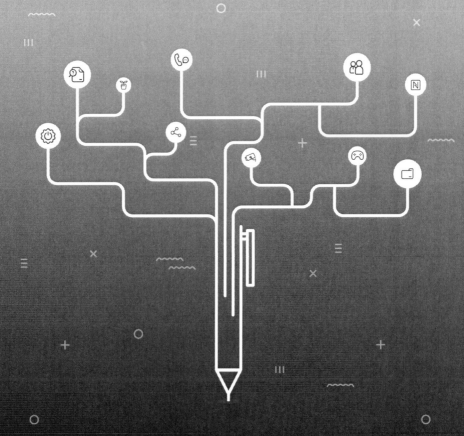

제1장

초연결 지능정보사회와 민주주의

한의석

성신여자대학교 정치외교학과

1. 초연결 지능정보사회의 등장[1]

과학기술은 늘 우리의 삶에 영향을 미쳤지만 4차 산업혁명으로 불리는 최근의 급격한 발전은 사회, 정치, 경제의 다양한 측면에 상당한 변화를 일으키고 있다. 특히 정보통신기술(Information and Communications Technology)과 지능정보기술(Intelligent Information Technology)의 발전은 정치 영역에서 혁명적인 변화를 야기하고 있다. 기술 발전에 따라 산업사회가 정보사회 및 지능사회로 변화된 현재의 세계를 초연결 사회(hyper-connected society)라고 묘사하기도 한다. 또한 인공지능(AI, Artificial Intelligence) 기술이 가속화하여 초지능(superintelligence) 사회가 등장할 것이라는 주상이 제기되고 있다.

---

1. 여기에 제시된 과학기술 용어들은 주로 한국과학창의재단이 운영하는 웹 사이트(http://www. scienceall.com)의 개념 규정을 참고하여 기술했다.

초연결 사회란 인간과 인간, 인간과 사물, 사물과 사물이 네트워크로 연결된 사회로 사물인터넷(Internet of Things, IoT)을 기반으로 구현되며, SNS(Social Networking Service), 증강현실(AR, Augmented Reality) 같은 서비스로 이어진다. 또한 인공지능의 '지능'과 사물인터넷, 빅데이터, 모바일 등의 '정보' 기술의 융합을 의미하는 지능정보기술의 발전으로 초연결성(hyper-connectivity)이 더욱 강화되고 있다. 초연결성이란 개인과 조직, 사물이 언제든 쉽게 연결되어 상호작용하는 상태이며 다양한 정보가 기록되고, 분석되며, 공유되는 상황이다.[2]

지능기술의 발전은 지능의 외부화(externalization of intelligence)를 포함하는데, 무인자동차나 자동번역기와 같이 인간의 능력이 외부 사물로 전이되는 것이다.[3] 이는 초지능화의 가능성으로 연결된다. 초지능이란 인공지능이 인간의 두뇌를 추월하는 이른바 특이점(singularity)에 도달한 상태로 초지능 존재로서의 인공지능은 인간보다 우월하여 인간을 지배할 수도 있다는 우려로 이어지기도 한다. 하지만 현재까지의 인공지능의 발전 정도는 인간의 업무를 도와주는 수준인 약한 인공지능(weak AI) 상태라고 할 수 있으며, 특화된 인공지능과 범용 인공지능(AGI, Artificial General Intelligence)으로 분류한다면 알파고, 인공지능 청소기나 수술용 로봇과 같이 특정한 기능이나 역할에 중점을 두고 있는 특화형 인공지능이 중심을 이루고 있다.[4] 즉 아직까지는 인간과 유사하거나 인간을 뛰어넘는 수준인 강한 인공지능(strong AI)이나 초지능, 범용 인공지능 수준에 이르지 못하고 있으며 인간을 위한 도구적 수단으로 활용

2. 김범수·조화순(2017, 242).
3. 황종성(2016a, 8).
4. 고선규(2019, 32).

<表 1> 사회 변동에 따른 정보 처리와 의사결정 주체의 변화

	데이터 생성	⇨	데이터 처리	⇨	의사결정
산업화 사회	인간		인간		인간
정보화 사회	인간		기계		인간
지능화 사회	기계		기계		인간/기계

출처: 황종성(2016b, 5)

되고 있는 상황이다. 따라서 기술 발전에 따른 현재의 세계를 '초연결 지능정보사회'로 부를 수 있을 것이다. 정보화와 지능화를 이해하기 위해 <표 1>과 같이 정보와 의사결정 주체의 변화를 살펴볼 수 있다. 정보화를 통해 대량 정보의 수집과 분석이 가능해졌으며 지능화를 통해 인간의 오류를 줄이고 기계에 의존하여 의사 결정을 할 수 있는 시대가 되었다.

빅데이터, 사물인터넷, 인공지능이 대표하듯이 정보통신기술과 지능정보기술의 발전이 이미 사회·경제·문화의 다양한 측면에서 변화를 추동하는 가운데, 정치과정 및 행태, 민주주의의 작동 방식에도 많은 변화가 진행되고 있다. 이 글은 초연결 지능정보사회에서 대의제와 민주주의, 정당정치가 어떻게 변화하고 있으며, 변화할 것인지를 논의한다.

2. 지능정보기술의 발전과 정치적 활용

인터넷의 발명과 정보통신기술의 발전으로 기존의 정치행태, 정치과정에 많은 변화가 일어났고 지능기술과 결합하면서 더욱 급격한 변화가 예상되고 있다. 특히 지능정보사회의 도래가 '빅 브라더'의 등장과 지배권력의 강화로 이어질 것인지, 아니면 전자민주주의 담론에서 강조하듯이 대의제 민주주의를 보완하고 시민 중심의 직접민주주의로 이어질 것인지에 대한 전망이 주요 쟁점이 되고 있다. 이러한 논쟁은 지능정보기술의 활용과 관련된 것으로, 먼저 선거나 정책 결정에 영향을 미치고 있는 몇 가지 지능정보기술에 대해 살펴볼 필요가 있다.

1) 소셜 미디어

정보통신기술의 발전이 정치 지형의 변화 요인으로서 크게 주목받게 된 계기로 소셜 미디어(social media)의 등장을 꼽을 수 있다. 소셜 미디어란 서로의 의견·경험·정보 등을 공유하고 네트워크를 형성할 수 있는 개방적인 온라인 툴과 플랫폼을 의미한다.[5] 유튜브, 트위터, 페이스 북 등이 대표적인 소셜 미디어로 이용자들 간의 쌍방향 소통과 자발성이 특징이다.

소셜 미디어를 통해 형성된 네트워크의 정치적 영향력을 잘 보여 주는 사례로 2010년 12월 튀니지에서 발생한 재스민 혁명이 있다. 장기 독재에 시달리던 튀니지에서 한 청년이 분신 자살을 시도한 사건이 SNS를 통해 널리 알려지게 되면서 시위가 격화되었고 24년간 집권하던 벤 알리 정권이 붕괴했다. 이후 튀니지의 민주화 운동은 이집트나 리비아 같은 주변 중동국가들로 확산되었다. 소셜 미디어를 통한 여론의 결집과 시민들의 정치적 힘은 2000년대 초반부터 다수 국가에서 확인되었다. 과거에는 불특정 다수에 불과했던 개인들이 소셜 미디어를 통해 정치에 대한 불만과 분노를 표출하고, 네트워크를 형성하여 기존의 정치체제를 무너뜨릴 수 있게 된 것이다.[6]

---

5. http://www.scienceall.com
6. 김상배(2010, 104); 윤성이(2017, 30).

이와 같이 인터넷을 통한 소셜 미디어의 활용은 시민들의 소통과 참여를 강화하면서 공론장을 형성하고 집단 지성(collective intelligence)을 이끌어 내기도 하지만 문제점 또한 분명하다. 각 개인들이 자신의 믿음이나 신념에 부합하는 특정한 정보에만 접근하고 그렇지 않은 정보는 배제하며, 가짜뉴스를 확인도 없이 신뢰하고 유포하는 경우가 빈번하다. 즉 선택적 노출(selective exposure)과 확증편향(confirmation bias)이라는 부정적 현상이 나타나기도 한다. 특히 인공지능을 결합하여 알고리즘(algorithm)을 활용하는 소셜 네트워크 서비스가 개인에게 정보를 제공하는 과정에서 필터버블(filter bubbles)과 빅 넛징(big nudging) 또는 디지털 넛징(digital nudging)이라는 부정적 현상이 발생할 수 있다. 필터버블이란 구글과 같은 인터넷 정보제공자가 이용자의 성향이나 검색 기록 등을 바탕으로 필터링 한 정보를 제공하는 것으로 맞춤형 정보 제공이 특정 정보의 편식으로 이어질 수 있다.[7] 넛지(nudge)란 팔꿈치로 쿡쿡 찌르는 행동을 뜻하며 간접적으로 행위를 유도하는 것을 의미한다. 빅 데이터를 활용하여 파악된 개인의 정보나 특성에 기초하여 지속적으로 관련 메시지나 콘텐츠를 발신하고, 이를 통해 각 개인의 선택을 특정 방향으로 유도할 수 있게 되었다. 이러한 기법들은 마이크로 타기팅이라고 불리는 선거운동 방식과도 연결된다.

2) 마이크로 타기팅

지능성보기술을 활용한 선거운동 사례로 마이크로 타기팅(micro-

---

7. http://www.scienceall.com

targeting)이 잘 알려져 있다. 마이크로 타기팅이란 정당 및 예측시장 세분화를 포함하는 데이터 마이닝 기법의 선거 운동을 의미한다.[8] 즉 개인의 인구학적 특성이나 소비 행태, 이념 성향 등 수집된 데이터를 바탕으로 유권자들을 소규모 집단으로 범주화하여 각각의 특성에 맞도록 정교하게 개별화된 메시지를 활용, 지지를 이끌어 내고자 하는 선거운동 방식이다. 2012년 미국의 오바마 대통령이 재선을 위한 선거운동에 활용하여 성공을 거둔 것으로 평가되면서 이러한 방법을 적용한 선거운동 방식이 주목받았다.

맞춤형 선거 전략이 등장하게 된 것은 사회 집단 내부의 이념이나 정책 선호가 다양화된 상태에서, 빅데이터를 활용하여 시민들의 행동을 분석하고 선호를 예측할 수 있게 되었기 때문이다. 마이크로 타기팅의 사례를 통해, 빅데이터의 활용이 정책 수요를 예상하고 시민참여를 증진하는 등 민주주의의 발전을 촉진할 것이라는 주장들이 나타났다.[9] 하지만 낙관적 전망만 존재하는 것은 아니다. 마이크로 타기팅은 전체 유권자가 아니라 대상으로 삼고 있는 특정 유권자들에게만 메시지를 전달하기 때문에 소외의 문제가 발생한다. 또한 각 집단을 대상으로 지지를 얻고자 하는 과정에서 각기 다른 정책들을 강조하기 때문에 유권자들이 단일 쟁점 정당으로 오인하거나 해당 정당의 주요 정책들을 간과하는 문제가 발생할 수 있다.[10]

---

8. http://www.sisanewsn.co.kr/news/articleView.html?idxno=253
9. 송경재 외(2018, 164-165).
10. 민희·김정연(2019, 87-88).

3) 블록체인 기술과 전자투표

블록체인(Block Chain)이란 개인 사이의 거래 내역이 담긴 블록을 연결한다는 의미로, 연결된 모든 컴퓨터가 거래 내역을 공유하고 있기 때문에 해킹이 사실상 불가능한 공공 거래 장부라고 할 수 있다.[11] 즉 중앙집중적으로 관리·통제하는 기존 시스템과 달리 네트워크 방식으로 정보를 분산 저장하여 공유하는 체계이다. 블록체인의 특징은 정보의 신뢰성과 보안성이 극대화된 기술이라는 점이다. 블록체인 기술은 전자투표 등에 적용될 수 있는데 조작의 위험성과 보안상의 취약성이 높았던 이전의 전자투표와 다르게 안전하고 신뢰할 수 있기 때문에 시민들의 온라인(전자) 투표를 촉진할 수 있게 된다. 또한 투표 진행을 위한 절차가 간소화되고 이를 집계하고 분석할 기관의 필요성이 줄어들기 때문에 의회나 정당과 같은 대의 기구의 필요성이 줄어들어 직접민주주의의 가능성이 높아진다는 전망이 있다.[12] 대의제의 핵심인 정당 차원에서 본다면 블록체인 기술이 정당의 중요성의 감소, 즉 정당의 위기로 이어질 수 있다는 의미이지만, 블록체인을 활용한 전자투표를 적극 도입하여 유권자들의 참여를 끌어내고 의사를 신속하게 반영함으로써 정당 강화에 도움을 줄 것이라는 시각도 있다.[13]

에스토니아는 최초로 블록체인 기술을 활용한 전자투표 시스템을 도입한 나라로 잘 알려져 있으며, 유럽에서는 스페인의 포데모스(Podemos)나 이탈리아의 오성운동(Movimento 5 Stelle)과 같이 온라인 참여 플

---

11. http://www.scienceall.com
12. 김상배(2019, 40-41).
13. 정진웅(2019, 92-93).

랫폼을 활용하는 정당들이 증가했다. 포데모스나 오성운동은 유권자들이 정당 조직을 거치지 않고 직접적으로 의사 결정 과정에 참여한다는 점에서, 블록체인 기술로 인해 조직으로서의 정당(party as organization)은 약화되지만 유권자 내 정당(parties in electorate) 측면은 강화되어 대의 민주주의의 한계를 극복하는 데 기여한다고도 평가할 수 있다.[14]

4) 인공지능과 정책결정

지능정보기술의 활용은 정치인을 대체할 인공지능(AI)의 개발로 이어졌다. 인공지능이란 인간의 지각과 뇌의 정보처리를 컴퓨터로 모방할 수 있도록 모델화시킨 소프트웨어 시스템으로,[15] 인간의 고유한 능력이라고 할 수 있는 사고능력과 행동능력을 구현하는 프로그램이다.[16] 2016년에는 AI 정치로봇인 로바마(ROBAMA) 프로젝트가 소개되었는데, 이 프로젝트를 주도하고 있는 벤 괴르첼(Ben Geortzel) 박사는 인간을 대체하여 합리적으로 정치적 의사결정을 할 수 있는 인공지능을 2025년에 완성할 것이라고 주장했다. 그는 인공지능은 인간과 달리 권력, 이권, 이념 등을 초월하기 때문에 부패하거나 편향되지 않으며, 신속하고 정확한 정책 결정을 통해 정치적 비용을 대폭 줄일 것이라고 주장한다.[17] 2017년도에는 뉴질랜드의 닉 게릿센(Nick Gerritsen)이 정치 인공지능인 샘(SAM)을 개발했으며, 2018년에는 일본 도쿄도의 타마시(多摩市) 시장 선거에 AI 후보자가 등장했다. 당시 AI 후보자를 내세우며 실제 입후보한 마츠다 미치

---

14. 임유진(2020, 196–197).
15. http://www.scienceall.com
16. 윤상오 외(2018, 33).
17. 윤상오 외(2018, 38).

히토(松田道人)는 자신이 당선되면 인공지능이 예산배분과 정책결정을 주도하도록 하겠다고 약속했으며, 선거 포스터에도 인공지능 로봇의 모습을 인쇄했다.[18] 아직까지는 인공지능이 인간의 보조 수단에 불과하므로 인공지능 정치인이라고 표현하기는 어렵겠지만, 정책결정의 효율성과 합리성, 효과성을 내세우며 인공지능을 활용한 정책결정이 확대될 것임을 보여 준 사례이다.

한편 인공지능 기술을 활용한 소셜 봇(bot)[19]은 소셜 미디어를 이용하여 정보를 대량으로 확산시키거나, 온라인 정치 토론에 참여하여 과격한 논쟁을 이끄는 등의 방식을 통해 선거 과정에 개입할 수 있다. 2016년 미국 대선에서의 트위터 활용에 대한 옥스퍼드(Oxford) 대학 연구진의 분석에 따르면 공화당 후보이던 도널드 트럼프(Donald Trump) 지지 글의 33%, 민주당 힐러리 클린턴(Hilary Clinton) 지지 글의 22%를 봇이 생성했다.[20] 봇은 선거 관련 정보를 실시간으로 전달하는 역할을 하지만, 가짜 뉴스를 확산시키는 수단으로 활용되기도 한다.[21]

3. 초연결 지능정보사회와 대의민주주의의 미래

초연결 지능정보사회의 등장이 정당정치 및 대의제에 미치는 영향과

---

18. 고선규(2019, 138).
19. 로봇의 줄임말로 사용자나 다른 프로그램 또는 사람의 행동을 흉내내는 대리자로 동작하는 프로그램. http://www.scienceall.com
20. https://www.oii.ox.ac.uk/blog/a-third-of-pro-trump-tweets-are-generated-by-bots/(검색일: 2020년 12월 8일)
21. 민희·김정연(2019, 86).

미래에 대해서는 여전히 전망이 엇갈리고 있다. 낙관론자들은 중앙집권적이고 위계적인 기존의 권력 관계가 분산되고 수평적인 관계로 변화하며, 시민 참여의 증가와 온라인 공론장의 형성을 통해 대의제의 문제점을 극복하는 데 도움을 주거나 직접민주주의의 실현으로 이어질 것으로 예측한다. 반면 비관론자들은 정부의 감시와 통제 능력의 증가에 따른 기존 권력의 강화나 여론 조작의 가능성, 포퓰리즘의 등장과 같은 부정적인 결과를 초래할 것으로 우려하고 있다.

1) 낙관론

정보통신기술과 지능정보기술의 변화가 정치과정에 미친 가장 큰 변화로 네트워크 사회의 등장과 개인 권력의 증대를 들 수 있다. 다수의 개인들이 온라인을 통해 수평적으로 연결되고 소통하면서 사회적, 정치적 다양성과 자율성이 강화되었다. 특히 개인이 미디어가 되면서 개인 권력이 확장되었다고 할 수 있는데, 기존 권력과 달리 제도적으로 강제되지 않으며 자발적인 수용자들에게만 영향을 미친다는 점이 특징이다.[22] 소셜 미디어를 통한 의제 설정이나 반정부 집회의 조직화 과정은 권위적이고 중앙집권적인 정부에 대항하여 개별 시민이나 시민사회가 이전보다 더욱 강력한 힘을 갖게 되었음을 보여 주고 있다.

정보통신기술의 발전은 시민들의 정보에 대한 접근을 용이하게 함으로써 정치참여 비용을 낮추고, 정부와 의회 및 정당의 투명성을 고양시킬 수 있다.[23] 더 많은 정보가 투명하게 공개됨에 따라 정치엘리트와 시민

---

22. 김홍열(2013, 234-235).
23. 정재관(2013, 139).

사이의 정보와 전문성 격차가 줄어들게 되었다. 정보의 투명화, 민주화에 따라 대의제적 정치제도 및 정치인들에 대한 불신이 늘어났으며, 불신은 다시 시민들의 직접적인 정치 참여 욕구를 상승시킨다.[24] 시민들의 참여, 소통과 심의가 늘어남에 따라 엘리트 중심의 정책 결정이 더욱 어려워질 것이다. 즉 지능정보기술의 발달은 데이터 기반 민주주의를 촉진하고, 시민들의 정책 관련 지식을 향상시킴으로써 시민 중심의 거버넌스 강화로 이어질 수 있다.[25]

온라인 공론장(public sphere)의 등장은 정보통신기술 및 지능정보기술이 민주주의를 강화한다는 주장의 강력한 근거라고 할 수 있다. 노리스(Pippa Norris)는 정부, 정당 및 의회를 포함하는 제1의 정치공간인 정치사회, 제2의 정치공간인 시민사회에 더해, 정치엘리트와 시민이 수평적으로 소통하고 심의하는 제3의 정치공간이 등장했다고 주장했다.[26] 이러한 관점은 대의제 민주주의의 문제로 지적되는 대표자의 부패나 자의적이고 잘못된 의사결정 등을 시민들의 참여, 토론과 심의를 통해 해결할 수 있다는 믿음을 바탕으로 하고 있다.

대만의 vTaiwan은 정보지능기술을 활용한 시민참여, 정책 소통의 성공적 사례로 평가되고 있다. 대만 정부와 시민이 동참하여 운영하는 협의(consultation) 프로젝트인 vTaiwan은 폴리스(pol.is)라는 플랫폼을 활용하여 정책적 쟁점에 대해 정부 및 전문가, 시민들이 소통을 거쳐 내린 결과를 정책결정에 반영하고 있다.[27] 폴리스는 쟁점에 대한 토론 참여자들의 의견들을 시각화하여 해당 쟁점에 대한 사람들의 견해가 어디에 위치

---

24. 윤성이(2017, 33).
25. 윤성이(2017, 30).
26. 김범수·조화순(2017, 233).
27. https://www.wired.co.uk/article/taiwan-democracy-social-media

하고 있는지를 보여 주는 프로그램으로 이를 활용해 우버(Uber) 택시, 핀
테크 샌드박스(Fintech Sandbox) 등 다양한 문제들이 다루어졌다.[28] 이
러한 방식을 크라우드소싱(Crowdsourcing)이라고 부를 수 있는데, 크라
우드소싱이란 문제해결 과정에 특정 커뮤니티 또는 다수의 대중을 참여
시켜 의사결정 과정의 효율성을 제고하는 것으로 다수의 국가들에서 시
도되고 있다.[29]

　　지능정보기술의 발전은 정치비용의 감소와 투명성 및 신뢰성의 증대
를 통해 수평적이고 민주적이며 효율적인 참여와 의사결정의 가능성을
높인다. 블록체인 기술의 경우 신뢰를 바탕으로 전자투표를 용이하게 함
으로써 유권자 및 당원의 참여를 획기적으로 증대시킬 방안으로 기대되
고 있으며, 인공지능은 인간의 능력을 넘어서는 데이터를 분석하여 오류
없이 합리적이고 효율적인 의사 결정을 하는 데 도움을 줄 것으로 기대된
다. 정보통신기술과 지능정보기술의 발전은 숙의민주주의(deliberative
democracy)와 같이 대의제 민주주의를 보완하거나 또는 직접민주주의
를 실현하는 데 큰 기여를 할 것으로 예상된다. 더욱이 인공지능의 능력
에 대한 믿음은 관료나 정치인을 대체하려는 요구로 이어져,[30] 인간이 아
닌 인공지능에 의한 민주주의의 가능성을 엿보게 한다.

2) 비관론

　　지능정보사회의 등장과 발전이 현재의 대의제 민주주의를 바람직한

---

28. https://info.vtaiwan.tw/
29. 정장훈·신은정(2014).
30. 김상배(2019, 46).

방향으로 변화시키기보다 기성 지배 권력의 강화 또는 새로운 지배 권력의 등장으로 이어질 것이라는 부정적 전망이 제기되기도 한다. 지능정보기술의 발전으로 디지털 정보의 수집과 저장이 용이해지면서 개인 정보의 남용이나 감시권력의 비대화 가능성이 높아지고 있다.[31] 예를 들어 중국은 빅데이터를 활용해 국민들의 행동에 점수를 부여하고 이를 기준으로 금융·행정 서비스나 취업 등에서 혜택과 불이익을 제공하는 사회신용(social credit) 제도를 시행하고 있다. 중국 정부는 이를 사회적 신뢰를 높이고 시민들의 도덕적 행동을 장려하기 위한 방안이라고 주장하지만, 프라이버시 침해는 물론 사회적 감시와 정치적 억압의 도구가 될 수 있다.[32] 중국 정부는 이러한 제도를 자국 기업은 물론 외국 기업들에도 적용하고 있다. 또한 권위주의 정부의 경우 소셜 미디어를 활용해 자신에게 유리한 정보나 조작된 정보를 전파할 수 있으며, 반체제 인사들을 색출하는 데 활용할 수도 있다. 반면 자유주의 국가의 경우 지식과 정보의 소유권 개념이 강화되면서 공권력에 의한 감시와 통제보다는 사적 영역에 의한 감시와 통제가 강화될 위험성을 안고 있다.[33]

지능정보기술을 활용해 빅데이터를 기반으로 제공되는 서비스는 주로 알고리즘(algorithm)을 통해 우리에게 전달된다. 알고리즘이란 문제를 해결하기 위해 정해진 일련의 절차를 의미하는데,[34] 알고리즘을 활용한 서비스가 앞서 언급된 필터버블이나 디지털 넛징 현상에서 나타나는 바와 같이 객관적이고 중립적인 정보를 균형 있게 제공하기 보다는 편향적이고, 극단적인 정보를 제공하는 경우가 다수 발생한다. 그 결과 공적 논

31. 김상배(2010, 235-236).
32. https://news.joins.com/article/22755194
33. 김상배(2010, 242).
34. http://www.scienceall.com

쟁이 이루어지기 어렵고, 의견의 양극화(polarization)로 인해 합의가 더욱 어려워질 수 있다.[35] 이와 같은 정치적 양극화와 더불어 사회·정치적 편견과 차별의 심화에 대한 우려가 높다. 예를 들어, 범죄예측 프로그램에서 유색인종의 재범 가능성을 백인에 비해 훨씬 높게 판단한다든지, 해상도가 낮은 얼굴 이미지를 고화질로 재구성할 때 실제 인종과 관계없이 백인 이미지를 구현한다든지 하는 문제가 잘 알려져 있다. 이는 알고리즘이 만들어지는 과정에 인간이 개입되기 때문이다. 또한 인공지능 기술을 이용하여 가짜 이미지나 동영상을 만드는 딥페이크(deepfake)는 개인과 공동체의 정서를 쉽게 조작할 수 있다.[36] 특히 알고리즘 설계가 기술 엘리트와 거대 자본에 의해 이루어진다는 점에서 기존 권력의 강화로 이어질 수 있다.[37] 이러한 관점에서 알고리즘의 투명성과 공정성, 책무성에 대한 요구가 증가하고 있다.

3) 정당정치의 변화

대의제의 핵심 요소인 정당의 위기는 대의제 민주주의의 위기와 연계되어 있다고 할 수 있다. 특히 한국 정당의 경우에는 시민들의 정치 참여 통로라기보다는 정치인들의 동원 기제로 활용되었으며, 소수 엘리트 중심의 위계적 의사소통 방식을 유지함에 따라 많은 비판을 받았다. 또한 다양화된 시민들의 의사를 반영하거나 정책 중심 정당으로서의 모습은 보여 주지 못하면서 정당 일체감, 유권자 연계, 정치적 책임성 등에서 낮

---

35. 민희·김정연(2019, 91).
36. 손현주(2020, 63).
37. 김상배(2010, 49).

은 수준에 머무르고 있다. 따라서 지능정보기술의 등장으로 직접민주주의적인 요소가 강화됨에 따라 정당의 역할이 약화되거나 소멸할 것이라는 주장이 제기된다. 특히 한국의 경우 촛불시위와 같은 대규모 시위가 일상화되어 있다거나 정당을 통하지 않는 국민청원게시판에 높은 관심을 보여 주고 있다는 사실은 이를 뒷받침한다. 이러한 관점에서는 기존과 같이 위계적인 거대 조직을 가진 정당은 쇠퇴하고 디지털 네트워크 중심의 정당으로 변화하거나, 궁극적으로 시민주도의 '정책 네트워크'가 입법 기능을 수행할 가능성이 있다.**38** 스페인의 포데모스나 이탈리아의 오성운동과 같이 지능정보기술을 활용하여 운영되는 제3정당, 틈새정당(niche party)의 정치적 성공은 기성 정당의 약화 및 소멸 가능성을 잘 보여 주고 있다.

반면 정당이 변화에 잘 적응하여 대의 민주주의를 보완하게 될 것이라는 전망이 있는데, 정당의 위기 극복을 위해 유권자들의 참여를 증진하고, 정당-유권자 연계를 강화하며, 정당의 책임성(accountability)을 높일 수 있는 방안들이 제시되고 있다. 대표적인 모델이 네트워크 정당 또는 플랫폼 정당이라고 할 수 있는데,**39** 이러한 정당 유형을 제시하는 배경에는 지능정보사회의 등장이라는 환경적 변화가 있으며 동시에 지능정보기술을 활용하여 정당의 기능과 역할을 강화할 수 있음을 강조하고 있다. 플랫폼 정당(platform party)이란 온·오프라인을 결합하여 정당-시민사회 간의 소통 방식을 보완하고, 기존 정당 조직의 형태나 기능을 유지하면서도 쌍방향적 소통과 반응성을 강화하는 모델로 이를 통해 대의제의 위기를 극복할 수 있다는 것이다.**40**

---

38. 윤성이(2017, 31).
39. 박지영·윤종빈(2019), 채진원(2016).

4. 새로운 민주주의의 가능성

대의제와 정당정치의 가장 큰 문제로 '대표성(representation)'의 위기를 꼽을 수 있다.[41] 정당과 정치인들이 시민들의 다양한 의사를 반영하지 못하고, 사익을 추구하며 부패하다는 인식은 정치적 무관심과 불신, 참여의 위기로 이어졌다. 특히 다양하고 세분화된 시민들의 요구가 실시간으로 전달되는 가운데, 거대 조직으로서의 기성 정당의 대응 속도가 기대에 못 미치고 있으며 삼사년마다 선출하는 대표자를 통해서는 신속한 반응을 얻어내기도 어려운 상황이다.[42] 따라서 지능정보기술의 정치적 활용은 대의제의 문제점을 보완하는 방식으로서 참여민주주의나 숙의민주주의를 가능하게 하고, 직접민주주의의 실현을 촉진하는 것으로 주목받고 있다.

지능정보사회의 등장으로 개별 시민의 자율성과 독립성이 증대함에 따라 기존 대의기구 및 정치제도의 민주성, 반응성, 책임성 등에 대한 기대가 높아지고 있지만,[43] 동시에 빅데이터와 인공지능의 활용이 공공부문 의사결정의 최적화를 가능하게 함으로써 전문가나 대표자의 필요성에 대한 인식이 변화하고 있다. 이러한 측면에서 인공지능에 의한 민주주의의 가능성이 제기되기도 하는데 정책결정에 데이터와 알고리즘을 도입하는 것이 정보 과잉의 문제를 해결하고, 공정하고 합리적인 대안을 도출하여 사회문제를 해결할 것이라는 믿음에 근거한다. 하지만 정치의 속성상 과학적이고 합리적인 결정이라고 하더라도 자신의 이익이나 가치

---

40. 박지영·윤종빈(2019, 133-134).
41. 이재묵(2019, 7).
42. 데이비드 런시먼(2020, 192; 216).
43. 박지영·윤종빈(2019, 123).

에 부합되지 않으면 받아들이기 어렵다는 점에서 기술 의존적인 결론을 받아들이는 것이 쉽지는 않을 것이다.[44] 무엇보다 인공지능이 전문가나 정치인을 대신하여 대표성과 책임성을 가질 수 있는지에 대한 의문이 제기될 수 있다. 더욱이 빅데이터가 지닌 감시와 통제의 위험성과 알고리즘에 의한 차별과 편견이 해소되지 않은 상황에서 인공지능에 의한 정치와 정책결정은 신중하게 접근해야 할 문제임이 분명하다. 결국 정책결정이 반드시 효율성과 합리성에 근거를 두는 것은 아니며, 이해관계자들의 논쟁과 토론을 통한 합의의 산물이 되어야한다는 점에서 기술 의존적인 민주주의로의 전환은 쉽지 않다고 할 수 있다.[45] 또한 인공지능에 대한 의존이 인간의 정신과 자유 의지를 쇠퇴시키며, 시민들의 사유 능력의 축소와 시민역량의 약화로 이어질 것이라는 우려가 제기된다.[46]

지능정보기술이 직접민주주의를 실현할 수 있는 환경을 구현하고 있다는 측면에서 본다면 긍정적인 부분이 존재하지만, 소셜 미디어나 마이크로 타기팅 선거운동의 사례에서 나타나듯 지능정보기술이 확증편향을 강화하고, 대중을 조작하며, 특정 집단을 배제하는 등의 문제가 발생할 수 있다. 또한 사회경제적 불평등이 디지털 격차(digital divide)로 이어져 특정 계층만 과대 대표될 위험성도 존재하고 있다.[47] 즉 직접민주주의의 실현을 어렵게 하는 부정적 영향 또한 존재한다는 것이다. 더욱 중요한 것은 바람직한 민주주의 모델로서 직접민주주의를 민주주의의 이상향으로 삼아야 하는가에 대해서 이견이 있을 수 있다는 점이다. 지능정보기술이 활용되고 있는 현실에서 직접민주주의적인 의사결정 행태는 과도한

---

44. 윤성이(2017, 33).
45. 윤성오 외(2018, 45), 정진웅(2019, 81).
46. 손현주(2020, 63), 정진웅(2019, 82).
47. 정재관(2013, 139).

논쟁과, 충동적인 결정, 포퓰리즘으로 이어지는 경우가 더 많았다는 비판이 가능하다. 이러한 상황에서 직접민주주의가 우월하다는 점을 보여 주려면 대의민주주의가 갖고 있는 심의(deliberation) 기능을 넘어 직접민주주의를 통한 결정이 더 낫다는 점을 증명해야 할 것이다.[48] 즉 대표자와 시민 가운데 누구의 결정이 효율적이고 동시에 공동체를 위해 바람직한지에 대한 판단이 중요한데,[49] 이는 민주주의의 역사를 통해 반복적으로 제기된 질문이었다는 점에서 결론을 내리는 것이 간단하지 않음을 알 수 있다.

---

48. 정진웅(2019, 93).
49. 김상배(2019, 61).

스마트 거버넌스

참고문헌

고선규. 2019.『인공지능과 어떻게 공존할 것인가』서울: 타커스.

김범수·조화순. 2017. "네트워크사회의 변동요인과 포스트대의제의 등장."『사회이
론』52. 225-262.

김상배. 2010.『정보혁명과 권력변환: 네트워크 정치학의 시각』서울: 한울아카데미.

김상배. 2019. "4차 산업혁명 기술이 가져온 디지털 정치의 두 갈래." 이근 외.『디지
털 사회 2.0』서울: 21세기북스.

김홍열. 2013.『디지털 시대의 공간과 권력』서울: 한울아카데미.

동성혜. 2019. "미국 대통령선거와 정치빅데이터 유용성 분석."『미국헌법연구』
30(2). 99-141.

데이비드 런시먼. 2020.『쿠데타, 대재앙, 정보권력: 민주주의를 위협하는 새로운 신
호들』서울: 글담출판사.

민희·김정연. 2019. "지능정보기술과 민주주의: 알고리즘 정보환경과 정치의 문제."
『정보화정책』26(2). 81-95.

박지영·윤종빈. 2019. "정보화 시대 대의민주주의 위기 극복을 위한 한국형 정당모델
의 모색."『미래정치연구』9(1). 119-142.

손현주. 2020. "인공지능 혁명과 정치의 미래 시나리오."『지역사회연구』28(2). 61-
87.

송경재·장우영·조인호. 2018. "빅데이터 거버넌스의 가능성과 과제에 관한 탐색."
『사회이론』53. 153-186.

이재묵. 2019. "유권자 세대교체와 한국 정당의 미래: 탐색적 연구."『미래정치연구』
9(2). 5-33.

윤상오·이은미·성욱준. 2018. "인공지능을 활용한 정책결정의 유형과 쟁점에 관한
시론."『한국지역정보화학회지』21(1). 31-59.

윤성이. 2017. "4차 산업혁명시대의 거버넌스 패러다임 변화와 포스트 민주주의."
Future Horizon. Autumn 2017.

임유진. 2020. "남부 유럽의 테크노 포퓰리스트 정당과 당내 민주주의에 대한 비판적 검토: 포데모스와 오성운동의 정당 조직과 정치적 결정과정." 『담론 201』 23(1). 193-221.

정장훈·신은정. 2014. "ICT 기반 참여적 의사결정의 제고방안: 크라우드소싱을 위한 플랫폼 구축." STEPI Insight. 151.

정진웅. 2019. "정당 중심의 대의 민주주의와 4차 산업혁명: 참여와 심의의 조화로운 발전 모색." 『한국정치학회보』 53(5). 79-99.

채진원. 2016. "시민정치의 흐름과 네트워크정당모델의 과제." 『민주주의와 인권』 16(1). 5-50.

클라우스 슈밥 외. 김진희 외 역. 2016. 『4차 산업혁명의 충격』 서울: 흐름.

황종성. 2016a. "지능사회의 패러다임 변화 전망과 정책적 함의." 『정보화 정책』 23(2). 3-18.

황종성. 2016b. "지능화 패러다임의 등장과 공공정책의 변화 방향." 『부동산포커스』 99. 4-17.

제2장

온라인 공론장과 정치콘텐츠의 댓글효과

김하나

단국대학교 커뮤니케이션학부

1. 정치 커뮤니케이션 환경의 변화

1) 커뮤니케이션 모델

전통적 관점의 커뮤니케이션 모델은 송신자(sender), 메시지(message), 채널(channel), 수신자(receiver)로 구성된다. 이를 SMCR 모델이라 부른다. 송신자는 메시지를 보내주는 주체가 되며, 메시지는 송신자가 수신자에게 전달하려는 내용이다. 채널은 메시지를 전달하는 도구 혹은 수단이라고 볼 수 있다. 개인 커뮤니케이션에서는 대화나 편지 등이 이에 해당하며 매스 커뮤니케이션에서는 TV, 신문, 라디오, 인터넷 등의 대중매체가 채널이라 할 수 있다. 수신자는 메시지를 받아들이는 주체로서 메시지를 수용하기도 하고 때로는 메시지를 거부하기도 한다.

SMCR 모델을 통한 커뮤니케이션 과정에서 커뮤니케이션 효과는 송신

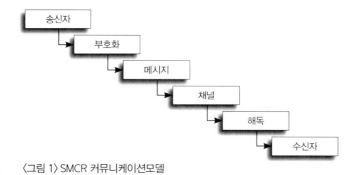

<그림 1> SMCR 커뮤니케이션모델

자와 수신자의 의미공유(Sharing of Meaning) 정도를 통해 측정할 수 있다. 즉 송신자가 전달하고자 하는 바를 수신자가 잘 수용하고 이해했다면 해당 커뮤니케이션은 효과적이었다고 판단할 수 있으나, 그렇지 않은 경우라면 효과적이지 못한 커뮤니케이션이 된다. 송신자와 수신자의 의미공유를 통한 효과적인 커뮤니케이션이 되기 위해서는 부호화와 해독화 역시 중요하다. 부호화는 송신자가 메시지를 담아내는 것을 의미하는데 수신자가 메시지를 잘 읽어낼 수 있도록 수신자의 상황에 맞추어 적절한 언어와 표현 방법을 사용해야 한다. 해독화는 수신자가 메시지를 해석해내는 것을 의미하며, 송신자가 부호화한 것을 수신자가 얼마나 잘 해독화하느냐에 따라 의미공유 정도가 달라질 수 있다. 송신자가 부호화한 메시지를 수신자가 다른 방향으로 해독화한다면 의미 전달에 오류가 발생하게 된다. 때로는 수신자가 호기심을 느껴 더 많은 시간과 노력을 들여 메시지에 몰입하도록 부호화를 어렵게 하기도 하지만 이 방법은 자주 활용되지 않는다.

2) 커뮤니케이션 모델로 본 정치 커뮤니케이션

정치 커뮤니케이션이란 한 국가나 정체(政體)의 기능에 현실적이고도 실제적인 효과를 미치는 커뮤니케이션 활동(Blake & Haroldsen 1975, p.44)으로 정부나 정당이 한 일에 대한 정보, 아이디어 등을 보급하기 위해 설립된 기관의 모든 활동—대북방송, 국회에서의 활동, 선거 시 포스터나 TV토론, 연설 등—을 포함한다. SMCR 모델에 근거해 정치 커뮤니케이션을 정의해 보면, 정치 커뮤니케이션이란 전통적인 정치 주체들이 미디어, 또는 대인 간 커뮤니케이션을 통해서, 그들의 정책과 이념을 국민/공중/유권자에게 알리는 과정이라 할 수 있다.

〈표 1〉 SMCR 모델로 본 정치커뮤니케이션

SMCR 모델	정치커뮤니케이션의 정의	예
Sender – 송신자	전통적인 정치주체	정당, 정치인, 정부기관, 압력단체 등
Message – 메시지	정책/이념	소득주도성장, 복지강화, 저녁이 있는 삶, 청년실업감소 등
Channel – 채널	미디어/대인	TV, 신문, 빌보드, 인터넷, 모바일, SNS, 유튜브, 대인 등
Receiver – 수신자	국민/공중/유권자	국민, 서울시민, 직장인, 대학생 등

3) 디지털 패러다임과 정치 커뮤니케이션의 변화

SMCR 모델의 구성요소 중 정치 커뮤니케이션 환경의 변화를 일으킨 요소는 바로 채널이다. 디지털 기술의 발달은 새로운 채널, 즉 뉴미디어를 등장시켰고 미디어 패러다임을 변화시켰으며 새로운 생활 습관을 형성하게 만들고 일상의 새로운 기준을 설정함으로써 아날로그 패러다임과는 완벽하게 다른 커뮤니케이션 환경을 조성하였다. 라틴어로 손가락이라는 뜻의 'digitus'가 어원인 디지털(digital) 세상은 말 그대로 손가락 하나로 모든 문제를 해결할 수 있는 세상을 만들었다. 네트워크화가 가능한 컴퓨터가 미디어의 중심 기능을 수행하면서 PC를 비롯해 휴대전화 같은 통신 기구도 방송 수용이 가능해졌고 전자기기의 기능적 경계가 사라지는 융합·통합(convergence)이 이루어졌다. 인터넷과 사물의 결합은 누구나, 언제, 어디서든, 원하는 모든 종류의 정보를, 모든 종류의 기기로부터 얻을 수 있는 정보의 유비쿼터스(ubiquitous) 현상을 초래하였다.

뉴미디어의 등장은 일대일 형태의 대인 커뮤니케이션과 일대다 구조의 매스 커뮤니케이션 형태가 합쳐진 복합적인 커뮤니케이션 형태를 만들어냈다. 이메일이나 SNS 등 새로운 매스 커뮤니케이션 채널은 메시지 송신자와 수신자의 일대일 커뮤니케이션을 가능하게 했다. 따라서 메시지에 대한 수신자의 피드백이 가능하고 이를 통해 송신자의 메시지에 대한 수정 보완이 가능해졌다. 이는 뉴미디어를 통해 메시지 수용자를 수동적인 존재로 만들었던 매스 커뮤니케이션이 설득의 가장 효과적인 방법인 일대일 대인 커뮤니케이션의 기능을 보유하게 되었다는 뜻이다.

뉴미디어는 이용자 간, 이용자와 정보 간의 상호작용을 강화하는 커뮤니케이션(Rice 1984)을 가능하게 했다. 정보의 상호교류가 강화되었으며, 정치적 정책 결정 과정에 공중의 참여가 보다 용이해졌다. 뉴미디어의 출현은 정보의 빠른 확산을 가능하게 했으며 이로 인해 수용자들이 갖게 되는 정치 정보의 양은 과거보다 비교할 수 없을 정도로 증가하였다. 연령, 사회계층, 직업 등에 의한 계층 간 정보 획득 격차가 과거보다 좁혀지는 정보 공유의 민주주의 시대가 도래한 것이다. 메시지 수용자의 정보력이 높아지고 있다는 사실은 정치 커뮤니케이션 내의 구조적 서열이 약화되었음을 의미하기도 한다. 유권자들은 능동적인 의사결정 주체로 거듭나고 있으며, 그 수준을 넘어 정부나 정당, 정치인들에게 자신들의 요구사항을 제기하고 이를 관철하는 집합체로서의 영향력을 행사하고 있다. 전통적인 커뮤니케이션 모델의 수동적 존재에서 정부 또는 정당 활동, 정책 수립 등에 영향을 미치는 능동적 의사결정자로의 전환을 보여준다. 즉 정치 주체와 객체 간의 권리가 동등해졌으며 이러한 경향은 앞으로 더욱 강화될 것으로 전망된다.

뉴미디어의 등장에 따른 가장 큰 변화는 오프라인에 존재하던 공론장(public sphere)이 온라인 공간으로 확장되었다는 것이다. 오프라인과 달리 더 직접적이고 능동적인 참여가 이루어졌으며 익명성 보장으로 더 솔직한 의견을 나눌 기회를 제공하였다. 이로 인해 온라인 공간은 여론 형성에 중요하고 영향력 있는 공간으로 여겨지게 되었으며 오프라인의 대안적 공론장으로서 기능하였다(장우영 2005).

2. 공론장(Public Sphere)

1) 공(Public)

공(Public)과 사(Private)의 개념적 구분은 고대 그리스에서 시작돼 로마를 거쳐 오늘날까지 이어지고 있다. 고대 그리스에는 시민들이 다양한 공공 생활(public life)을 영유할 수 있는 법정, 의회, 극장, 공공장소 등 도시 형태의 'polis'가 존재했다. 반면 노예나 여성들은 시민들의 자유롭고 다양한 사회 활동을 위해 'okios'라 불리는 집에 머물며 노동에 집중했다. 'public'은 시민들이 사회생활을 하는 공간을 의미하며 'private'는 노예와 여성이 머무는 공간을 의미했다. 즉 'public life'는 시민의 일상이었으며 'private life'는 시민이 아닌 노예와 여성의 삶을 뜻했다. 당시 'private life'를 뜻하던 그리스어 'to idion'은 이후 '바보스러운'이라는 뜻을 가진 'idiot'으로 변화했으며 당시 'private'는 '불우한 혹은 궁핍한'이라는 'deprived'와 유사한 의미로 통용되었다. 고대 그리스 시대 여성과 노예, 외국인은 사회적 지위를 가질 수 없었으며 도시에서의 'public life'를 통해 명성과 영광을 누릴 수 없는 이들의 삶은 궁핍하고 불우한 삶이라하여 'private life'라 불리었다(Saxonhouse,1983).

아리스토텔레스는 'polis'에서의 삶이 불필요한 것은 오직 신과 짐승뿐이라고 말하며 사적인 공간(the private sphere)에 갇혀 매우 제한적인 생활반경을 가진 이들을 비인간화시켰다. 즉 아리스토텔레스는 인간은 정치적 동물로, 도시(polis)에서 사회생활(public life)을 영유하며 사는 사람이라 생각했다. 아리스토텔레스의 관점에서 여성, 노예, 외국인은 비록 삶을 살고 있지만 그들의 삶은 행복하고 좋은 삶이 아니었다(Taylor 1989). 이처럼 고대 그리스에서 'public'이란 철저하게 남성 중심 개념이었으며 시민권이라는 것도 군사적 숙련도와 연결되어 있었다.

로마에서도 'public'은 고대 그리스와 유사한 개념으로 사용되었다. 사람(people)이라는 뜻의 라틴어 'poplicus'를 어원으로 하는데, 이 단어는 성인 남성 인구라는 'pubes'라는 단어와 연관성이 있다. 즉, 로마에서 'public'이란 노예를 제외한 성인 남성만을 의미했으며 본인의 존재를 드러내면서 사회생활을 할 수 있는 사람들을 뜻했다(Holscher 1979, p.41). 결론적으로 고대 그리스와 로마에서 논의되었던 'public'의 의미는 크게 두 가지 형태로 나타난다. 하나는 'polis' 라 불리는 도시 혹은 사람의 집

합체를 뜻하는 사회적-정치적(social-political) 형태이며, 또 다른 하나
는 명예 혹은 공개적으로 존재를 노출할 수 있는 시각적-이지적(visual-
intellectual) 형태이다(Holscher 1979, p.37).

중세시대로 접어들면서 'public'은 시민의 사회생활이나 공공영역에
대한 개념이라는 것이 점점 희박해졌다. 중세 정치학적 관점에서 'public'
이란 봉건 영주(the feudal lord)만을 뜻하며, 이때 등장한 개념이 대표성
(representation)이다(Kantorowicz 1957). 여기서 대표성이란 현재 우리
가 일반적으로 생각하는 대의민주주의로서 시민 개개인을 대표하는 개
념이 아니라 사회 전체의 영광과 명예의 상징으로서의 대표성을 의미한
다. 이 시대의 'public' 영역은 영주와 귀족들의 화려함을 공식적으로 보
여 주는 형태로 나타났으며, 그리스-로마 시대의 사회적-정치적 형태
의 개념보다는 시각적-이지적 형태의 'public'이 보다 큰 힘을 가졌다
(Harbamas 1989). 이 시기까지 현대적 개념의 시민은 등장하지 않고 있
었다.

2) 공론장(Public Sphere)

계몽사회가 시작되면서 'public'은 곧 이성적이고 합리적인 시민 집단
이라는 새로운 인식이 등장했다. 18세기 영국과 프랑스, 독일 등에서 새
롭게 등장하기 시작한 중산층은 중세시대의 'public'을 대체할 수 있는 집
단이 되었다. 이들은 일정 수준의 교육을 받은 사람들로 기존 봉건제도를
강력히 비판하였으며 시민 부르주아라고 불리었다(Harbermas 1989).
계몽시대의 가장 핵심인 중산층의 등장은 이 시기의 여론이야말로 비로
소 현대적 의미의 여론 – 시민들의 민의를 대변하는 것 – 으로 변화할 수

있는 사회적 틀을 마련했다. 시민 부르주아는 정부와 별개로 생산과 재정을 독립적으로 관리할 수 있었던 자본주의자의 역할 또한 수행하였다.

개인 자산, 가족 등 사적 영역의 등장과 확대는 영주와 봉건제도를 공격하는 새로운 무기가 되었다. 영주와 국가, 공권력과 사유재산의 갈등은 부르주아들에게 새로운 공론의 장(bourgeois public sphere)을 제공하였다(Nathans 1990). 이렇게 생겨난 공론장은 누구나 참여할 수 있고, 어떠한 주제로도 토론할 수 있으며, 사유재산에 그 기초를 두고 있어 사적이었으나 동시에 공적이었다. 하버마스(Habermas)의 말을 빌자면, 부르주아들이 만든 공론장은 곧 '사적인 개인의 공적인 관심(the public rea-soning of private people)'을 표명하는 곳이었으며 국가와 사회 모두에 적용 가능했다. 공론장은 가족도 아니고 시장도 아니며 국가도 아니었다. 그러나 이것은 친밀하고 사적이며, 서로 이익을 얻는 상리공생을 추구하며, 동시에 권위를 갖춘 공간이었다. 자본주의는 시민들이 힘을 가질 수 있는 새로운 형태의 사회생활을 가능하게 했으며, 이 힘은 합리적인 논쟁을 통해 표현되었다.

18세기 영국, 프랑스, 독일의 공론장은 의회가 열리는 장소나 의회 등 단일한 형태는 아니었다. 공론장은 논의 자체에 의해 형성되었고, 토론이 진행되는 곳은 어디라도 상관없었다. 근대의 공론장은 그리스의 프닉스(pnyx)나 로마의 포럼(forum) 등 고대의 집합적인 형태와는 다르게 물리적으로 분산된 형태의 커뮤니케이션으로 진행되었다. 커피하우스, 살롱, 토론장, 비밀단체 등 사람들이 누구나 찾아가 어떠한 주제로도 토론할 수 있는 곳이라면, 국가와 종교의 권위가 미치지 않는 곳이라면, 그곳이 어디든지 공론장이 될 수 있었다. 이때 'public'이란 지역성이나 개인적 친분보다는 논의의 참여를 바탕으로 한 사회적 결속이 중요하기 때문에 정치적인 국가, 복지 혹은 전통적인 커뮤니티나 사람들 같은 전통적인 군중의 형태가 아닌 역사적으로 매우 독특한 사회적 집합체였다(Holscher 1979, p.83). 즉 물리적으로 분산되었으나 상식적 상징으로 연결된 집합체이며 개인적인 면대면 친분을 완벽하게 배제한 형태였다(Gabriel de Tarde 1901). 사실 18세기 영국과 프랑스에서는 공공도서관, 콘서트, 극장 등 낯선 사람들을 모이게 만드는 새로운 문화적 형태들이 생겨났는데 이러한 새로운 문화들이 공론장에 접근할 수 있는 키가 되었다.

이렇게 등장한 공론장을 통해 여론(public opinion)이 형성되기 시작했는데 여론은 1) 계층, 성별, 인종, 교육, 정당 등에 의해 구별되지 않는 집합 형태의 시민들이 2) 국가로부터 자유로운 공론장에 소속되어 3) 공공이슈나 사회 전체에 영향을 줄 수 있는 주제에 관해 이야기하는 4) 공공 토론을 통해 5) 힘, 계급, 또는 특권에 의해 강압적이지 않은 분위기에서 6) 공개적으로 형성되어야 한다. 이러한 과정을 통해 형성된 여론만이 하버마스가 이야기한 '보다 나은 토론의 힘(the power of the better argument)'을 보여 줄 수 있다(Peters 1993).

3. 온라인 공론장의 등장

공론장이란 여론이 만들어질 수 있는 우리 사회 삶의 영역이며, 누구나 참여할 수 있는 공간이다. 공론장은 자유로운 사적 개인이 모여 이성적이고 합리적인 소통을 통해 공공의 선을 추구하는 이념적, 도덕적, 정치적 소통 행위 모델이다(Habermas 1989). 계몽사회에서 시작된 이러한 공론장 개념은 디지털 미디어 등장 이후 오프라인에서 온라인으로 확장되었다. '네이버 카페', '다음 아고라' 등은 누구나 참여해 다양한 사상과 의견을 나눌 수 있는 숙의민주주의 공간으로 발전하였고 이러한 온라인 공론장은 여론 형성의 중요한 역할을 하게 되었다. 온라인 공론장은 누구나 참여할 수 있는 개방적인 구조, 시간과 공간적 제약으로부터의 자유, 익명성 등의 특성을 통해 누구나 동등한 입장에서 솔직하게 자신의 목소리를 내는 수평적이고 민주적인 커뮤니케이션 공간으로 자리 잡았다(강상현 2000). 특히 매스미디어를 통해 형성된 제한적이고 단일화된 공론장이 아니라 다양한 주제로 이야기를 나눌 수 있는 복수의 공론장이 만들어진다는 점에서 대안적 공론영역으로 주목받았다. 복수의 공론장 형성은 다양한 주제로 소수의 의견을 포함한 다양한 관점의 의견들이 교환된다는 점과 이러한 성향이 정치적 이슈와 토론에도 그대로 적용된다는 측면에서 정치적으로도 긍정적인 효과를 발휘한다(Rheingold 1993). 즉 온라인 기반의 각종 커뮤니티와 토론 그룹, 포털 사이트 등은 공공 토론의 양적 증가와 시민 네트워크 활성화를 가져왔다. 더불어 온라인상에서는 본인들의 생각과 의견을 숙고하고 가다듬을 수 있는 시간적 여유가 있다는 점에서 공공 토론의 질적 향상에도 영향을 미쳤으며 특정 의제는 온라인을 통해 확산하면서 사회적 쟁점이 되기도 한다.

이처럼 온라인 공론장이 자유로운 의사 표현과 다양한 이슈에 관한 토론을 통해 긍정적인 공론영역을 구축한다는 평가와 달리 부정적인 평가도 존재한다. 첫째, 온라인 공론장에 참여하는 경우 객관적 사실에 근거한 논리적 주장이 아니라 개인적 경험이나 인터넷 정보에 근거한 주장을 주로 펼친다는 점이다. 둘째, 자신과 의견이 다른 글에 대한 신뢰와 존중을 보이지 않을 뿐만 아니라 적절한 토론 절차를 지키는 경우가 많지 않다는 것이다. 온라인 공간은 다양한 의견이 개진되고 교류하는 공간이 아니라 같은 의견을 가진 사람들이 모여 자기 확신을 강화하는 공간으로 나타난다(조화순 2008). 따라서 셋째, 온라인 공론장에서는 같은 의견 공유는 활발히 진행되지만 다른 의견을 받아들이고 서로 이해하는 진정한 의미의 토론은 원활히 이루어지지 않는 경향이 있다. 즉, 온라인 공론장에서 보이는 토론 충분한 의견을 나누는 숙의민주주의와는 거리가 멀다는 것이다(Baumgartner 2010).

이처럼 온라인 공론장에 대한 상반된 평가가 존재하지만 온라인상에서 다양한 주제로 진행되는 대화는 커뮤니케이션의 양적 증가를 가져왔고 이 자체만으로도 시민 참여라는 이상적 민주주의 실현에 한 걸음 다가갔음을 부인하는 이론가들은 거의 없다(김은미·이준웅 2005). 온라인 공론장이 긍정적인 기능을 수행할 경우 한층 성숙한 민주적 의제 설정 공간으로 발전할 수 있다.

4. 댓글을 통한 온라인 공론장 참여[1]

1) 댓글의 중요성

온라인 공론장에 참여하는 방법은 다양하다. '다음 아고라'로 대표되는 사이버 토론공간을 이용하거나 특정 목적을 가지고 만들어진 네이버 카페나 커뮤니티에서 광범위한 주제로 의견을 나누기도 한다. 온라인 댓글

---

1. 이 단락은 "구슬기·김하나(2019) 정치인 이미지와 정치인에 대한 부정적 댓글이 유권자의 태도와 투표의도에 미치는 영향. 미래정치연구, 10(1), 67–98"의 일부분을 수정, 요약하여 작성하였음.

도 특정 주제에 대해 자신의 의견을 개진한다는 측면에서 참여행위라 할 수 있다. 댓글이란 뉴스기사나 게시글을 읽고 관련 내용에 대한 추가적인 정보를 제공하거나 다른 독자가 작성한 댓글에 대해 의견을 제시하는 것을 의미한다. 댓글을 이용하는 방법은 댓글을 작성하는 '댓글 쓰기'와 작성된 댓글을 읽는 '댓글 읽기'로 나뉘는데 댓글 쓰기는 보다 적극적으로 의견을 표명한다는 점에서 적극적인 참여, 댓글 읽기는 작성된 댓글을 읽기 때문에 소극적인 참여로 불린다. 댓글 쓰기와 읽기가 주로 행해지는 온라인 공간은 참여자들의 자유로운 의견 표명이 중요하게 여겨지기 때문에 지금까지 관련 연구들은 주로 댓글 쓰기에 초점이 맞춰져 왔다(김은미 외 2006). 그러나 실제 온라인에서 댓글 쓰기를 통해 자신의 의견을 표출하는 경우는 매우 소수이며 이에 반해 댓글 읽기는 그 빈도와 시간 등 양적인 측면에서 수치가 높아 오히려 댓글 읽기를 통해 숙의 민주주의가 구현될 수도 있다.

2) 댓글의 영향력과 실증적 효과

댓글 읽기는 개인의 의견을 형성하는 데 영향력을 미친다. 댓글에 작성된 정보가 사실로 인식될수록 댓글을 읽는 수용자의 의견 형성에 긍정적인 영향을 미치며, 댓글을 통해 얻은 정보는 해당 이슈의 여론 동향을 이해하는 단서로 사용된다. 또한 해당 댓글이 실제 여론과 일치한다고 믿을수록 댓글 읽기 수용자에게 미치는 영향력은 커진다. 이러한 댓글 읽기의 영향력은 '댓글의 질'이나 '기사의 주제', '기사의 논조와 댓글의 일치성'과 같은 요인들에 의해 달라진다. 댓글의 질이 높을수록 사람들은 댓글에 더 많은 영향을 받게 되며, 기사에 대한 평가 또한 긍정적으로 나타났다(김은미 외 2006). 뉴스 기사의 주제에 따라 댓글이 기사에 미치는 신뢰도와 댓글 효과 또한 다르게 나타난다. 기사의 논조와 반대되는 댓글을 읽게 되는 경우, 기사를 신뢰하는 것이 아니라 오히려 댓글에 영향을 받아 기사를 보다 부정적으로 평가하며, 기사가 여론에 미치는 영향력이 상대적으로 적다고 판단한다(이은주 외 2009). 즉, 기사에 대한 부정적인 댓글을 읽게 되면, 뉴스 기사에 대한 신뢰도가 하락하는 것으로 나타나, 검증되지 않은 댓글이 뉴스 기사보다 더 큰 영향력을 미친다.

3) 정치 캠페인에서의 댓글 효과

댓글은 정치인에 대한 유권자의 판단에도 영향을 미친다. 정치인에 대한 긍정적인 댓글을 읽은 유권자는 그렇지 않은 유권자에 비해 해당 정치인을 더 긍정적으로 평가하며 투표의도 역시 높다(전우영 외 2010). 같은 맥락으로 정치인에 대한 부정적인 댓글은 정치인에 대한 유권자의 투표 의도를 하락시키는데, 이러한 결과는 댓글의 내용이 타당하지 않고 근거가 전혀 없는 경우에도 그대로 나타났다. 댓글이 검증되지 않은 정보를 제공하더라도 댓글을 읽는 유권자들에게 큰 영향을 미치는 것이다. 유권자가 뉴스 기사를 통해 정치인에 대한 긍정적인 이미지를 형성한 후 그에 대한 부정적 댓글에 노출되었을 경우에도 해당 정치인에 대한 긍정적인 태도와 투표의도가 감소한다. 이는 인터넷 댓글이 뉴스기사보다 더 큰 영향력을 발휘한다는 연구 및 부정적 정치광고가 효과적이라는 연구 결과들과 맥을 같이 한다(김하나 2012). 즉, 어떤 형태이든 정치인에 대한 부정적인 정보가 유권자들에게 노출될 경우 해당 정치인에 대한 긍정적인 평가는 감소하게 됨을 의미한다.

검증되지 않은 부정적인 내용의 댓글, 즉 부정적 루머는 유권자들의 인식과 태도, 정치적 의사결정에 영향을 미치며, 정치인에 대한 신뢰도나 이미지에 따라 그 효과가 다르게 나타난다. 최근 한 연구(구슬기 외 2019)에서는 정치인의 능력을 공격하는 부정적 댓글이 정치인의 인품을 공격하는 댓글 보다 유권자의 정치인에 대한 긍정적 태도와 투표의도를 크게 감소시켰다. 정치인의 인품과 달리 능력에 대한 부분은 보다 객관적이고 정량적인 평가가 가능해서 손쉽게 타인의 의견에 영향을 받기 때문이다. 유권자 입장에서는 정치인이 능력이 없다고 평가될 경우, 혹은 능력이 없다는 정보에 노출될 경우, 개인의 성격이나 인품에 대한 부정적 정보에 노출되었을 때보다 부정적인 시각이 증가한다. 즉, 유권자들은 정치인이 무능하다는 것에 대해 냉정하게 평가하는 것이다. 캠페인 전략적 측면에서 살펴보면 정치인의 업무 능력에 대한 공격은 정치인 개인의 성격이나 인품에 대한 공격보다 강력하기 때문에 이에 대한 전략적 대비가 필요하며, 반대로 상대후보자를 공격해야 할 경우 경쟁후보자의 업무능력에 초점을 맞춰 네가티브 전략을 사용하는 것도 효과적인 캠페인 전략이 될 수 있겠다. 특히 부정적 댓글 효과는 이미 유권자들에게 긍정적 이미지를 구축한 정치인보다는 특정 이미지가 형성되지 않은 신인 정치인들에게 더 크게 나타날 수 있기 때문에 정치 신인들의 선거 캠페인 전략 수립시 필수적으로 이에 대한 대응전략을 마련해야 한다.

온라인 댓글은 정치인이 직접 통제할 수 없으므로 부정적 댓글에 대한 통제방안이나 효과적인 대처 방안을 제시하기 어렵다. 그러나 부정적 댓글의 효과는 제 3자에 의해 매개되지 않고 직접적인 경험을 하게 되면 그 영향력은 감소한다(이인성 외 2016). 타인에 의한 간접 정보보다 자신이 직접 획득한 경험을 더 신뢰하기 때문이다. 따라서 부정적 댓글에 노출이

되어 기존의 긍정적 이미지가 훼손되거나 부정적 이미지가 형성되었다면, 정치인이 직접 유권자를 만나 긍정적인 경험을 제공하는 것이 중요하다. 더불어 근거 없는 악의적인 댓글에 대해 정정 메시지를 제공하는 경우 정치인에 대한 부정적 판단이 제거되는 것으로 확인되었다(전우영 외 2010). 즉, 근거 없는 부정적 정보에 대해서는 명확하게 정정 설명을 하는 것만으로도 후보자의 이미지를 회복하는 데 효과적이다.

참고문헌

강상현. 2000. "대안매체로서의 사이버 공간의 가능성과 한계."『한국방송학보』
    14(1). 7-40.

김은미·선유화. 2006. "댓글에 대한 노출이 뉴스 수용에 미치는 효과."『한국언론학
    보』50(4). 33-64.

김은미·이준웅. 2004. "새로운 공론장으로서의 인터넷 토론공간에 관한 소고."『한국
    언론학회 심포지움 및 세미나』117-147.

김하나. 2012. "유머 소구를 이용한 부정적 정치광고의 효과 연구: 인지적, 감정적, 행
    동적 효과를 중심으로."『광고연구』92. 209-235.

구슬기·김하나. 2019. "정치인 이미지와 정치인에 대한 부정적 댓글이 유권자의 태도
    와 투표의도에 미치는 영향."『미래정치연구』10(1). 67-98.

이은주·장윤재. 2009. "인터넷 뉴스 댓글이 여론 및 기사의 사회적 영향력에 대한 지
    각과 수용자의 의견에 미치는 효과."『한국언론학보』53(4). 50-71.

이인성·이미나·김하나. 2016. "정책이슈에 대한 유권자의 심리적 거리가 유머 소구
    를 활용한 정치광고 효과에 미치는 영향: 정치관여도의 조절적 역할을 고려하
    여."『광고PR실학연구』9(3). 166-187.

장우영. 2005. "온라인 저널리즘의 정치적 동학 '논객사이트'를 중심으로."『언론과 사
    회』13(2). 157-188.

전우영·김병준. 2010. "인터넷 댓글이 정치인에 대한 판단에 미치는 영향."『한국심
    리학회지: 사회 및 성격』24(2). 133-150.

정일권·김영석. 2006. "온라인 미디어에서의 댓글이 여론에 미치는 영향에 관한 연
    구."『한국언론학보』50(4). 302-327.

조화순. 2008. "사이버 액티비즘과 숙의민주주의의 가능성?: 촛불시위 관련 사이트
    분석." 제9회 정보문화포럼 세미나집. 7-32.

Baumgartner, J. C., & Morris, J. S. 2010. "MyFaceTube Politics Social Networking
    Web Sites and Political Engagement Young Adults." *Social Science Computer*

Review. 28(1), 24-44.

Blake, R. H. & E. O. Haroldsen. 1975. *A Taxonomy of Concepts in Communication.* New York: Hastings House, Publishers, Inc.

Gabriel de Tarde. 1901. *L'opinion et la foule* see in Theodore L.G. & Charles T. S. 1995). *Public Opinion and the Communication of Consent.* New York: The Guilford Press.

Habermas, J. 1989. *The Structural Transformation of the Public Sphere: An Inquiry into a Category of Bourgeois Society* (T. Burger & F. Lawrence, Trans.). Cambridge: MIT Press.

Holscher, L. 1979. *Publicity and Secrecy: A Conceptual-historical Study of the Genesis of the Public Sphere in the Early Modern Period.* Stuttart: Klett-Cotta.

Kantorowicz, E. H. 1957. *The King's Two Bodies: A Study in Mediaeval Political Theology.* Princeton: Princeton University Press.

Nathans, B. 1990. Habermas's 'Public Sphere' in the Era of the French Revolution. *French Historical Studies.* 16(3), 620-644.

Peters, J. D. 1993. "Distrust of Representation: Habermas on the Public Sphere." *Media, Culture and Society.* 15(4), 541-571.

Rheingold, H. 1993. *The Virtual Community: Homesteading in the Elctronic Frontier.* New York: HaperCollins.

Rice, R. E. 1984. *The New Media: Communication, Research, Technology.* Sage Publications.

Saxonhouse, A. W. 1983. Classical Greek Conceptions of Public and Private. in Benn, S. I. & G. F. Gaus (Eds.). *Public and Private in Social Life.* New York: St. Martin's Press.

Taylor, C. 1989. *Sources of the Self: The Making of the Modern Identity.* Cambridge, MA: Havard University Press.

제3장

온라인 공론장에서의 한국인의 이념 갈등 표출에 관한 연구

김진주 · 윤종빈

명지대 미래정책센터 · 명지대 정치외교학과

본 장은 『정치·정보연구』 제24권 1호(2021)에 게재된 논문 "텍스트마이닝을 통한 온라인 플랫폼에서의 이념 갈등 표출에 관한 연구: 제21대 총선 유튜브 개표방송의 라이브 스트리밍을 중심으로"를 일부 수정 보완한 것이다.

1. 서론

　2020년 4월 15일 치러진 제21대 총선은 전통적으로 보수 진영이 강세를 보여온 영남 지방에는 미래통합당이, 제20대 국회에서 중도정당이었던 국민의당이 지역구 후보를 내지 않으면서 진보 진영의 텃밭으로 불려왔던 호남에는 더불어민주당이 압승을 거두었다. 비록 지역구별로 세부적인 득표율 격차를 고려하였을 때는 지역주의의 부활이라고 말하기에는 조심스럽지만, 선거의 결과만을 놓고 보면 동서로 구분된 대한민국의 이념 지형이 확연히 드러난다.

　이러한 이념 균열은 전세계적으로 나타나고 있는데, 미국과 같이 양당제 중심의 국가들에서는 선거에서 선택할 수 있는 정당이 두 가지 뿐이기에 중도적인 성향이 다수임에도 불구하고 이념적으로 분열되어있는 것처럼 보이는 것인지(Fiorina et al. 2006; Fiorina et al. 2008) 아니면 실제로 국민들이 이념적으로 양극화되어가고 있는지(Abramowitz 2010; 2013) 논쟁이 이어져 왔다. 한국의 경우 양당제 중심의 국가는 아니지만, 보수와 진보 진영의 거대 양당이 정당정치사에 중요한 흐름을 이어오고 있기에 이념 균열에 대한 논란이 지속되고 있다. 하지만 한국에서는 유권자들이 스스로 생각하는 주관적인 이념성향과 여러 정책에 대해 표출하는 의견을 통해 확인할 수 있는 상대적으로 객관적인 이념 간의 차이가 존재하기에 유권자들의 명확한 이념성향을 파악하기 어려우며(정동준 2017; 장승진 2020), 최근 약 20년간 일련의 조사들에서 유권자들의 이념성향 문항을 통해 진보와 보수를 살펴본 결과 두 집단간 비율 격차가 크게 변동되지 않았기 때문에(임원혁 외 2019) 대중의 이념적 양극화 현상이 현저하게 나타나지 않는다는 견해가 있다. 그러나 여전히 선거에서도 진보와 보수로 이분화된 결과가 확인되면서 언론과 학계에서는 국민들의 이념 균열이 강화되고 있다는 우려가 존재한다.

코로나19로 인하여 언택트 사회를 맞이함에 따라 개인 활동의 상당 부분이 온라인 중심으로 변화해 간다. 그러면서 개인과 개인 간의 상호 커뮤니케이션도 온라인이 큰 비중을 차지하게 되었다. 온라인 활동에서는 상호간의 커뮤니케이션이 이루어짐에 있어서 다소 한계가 존재할 수 밖에 없다. 커뮤니케이션에는 문자를 활용하는 기술적 방법과 소리를 이용한 구술적 방법으로 나뉘는 언어적 요소와 외양, 동작, 시각 등 모든 의사전달의 방법을 포함하는 비언어적 요소가 존재한다. 일반적인 오프라인 대면 상황에서는 이러한 요소들이 모두 활용될 수 있으나, 온라인 디지털 커뮤니케이션에서는 메시지의 탈맥락화(decontextualization)가 발생하면서 송신자와 수신자 간 오해와 갈등이 유발될 가능성이 크다(이원태 외 2012). 그렇기에 이러한 온라인 활동의 증대는 사람 간의 커뮤니케이션에 문제를 야기할 수 있으며, 만약 그 대상이 서로 다른 이념을 가지고 있는 집단이라면 집단 간 이념의 양극화와 균열을 더욱 야기할 수 있다는 우려의 목소리가 높다. 그러므로 본 연구는 온라인 활동이 확대되는 가운데 국민들의 이념적 갈등이 더욱 증폭되고 있을 것으로 보고, 온라인 플랫폼에서 국민들의 이념 균열이 어떻게 나타나는지 살펴보고자 한다.

이 연구의 관심의 대상인 유튜브는 국내에서 최근 가장 많이 사용되는 온라인 플랫폼이다. 온라인 동영상 이용자의 93.7%가 활용하고 다양한 연령대가 모바일과 PC를 통해 유튜브를 사용한다(나스미디어 2020). 초기 유튜브는 개인 크리에이터들이 실시간 방송을 하거나 제작한 동영상을 업로드하여 수익을 창출하는 등 개인 중심으로 운용되어져 왔으나, 최근에는 MCN(Multi Channel Network) 사업자들이 많아지면서 각종 언론사들까지 자신들의 채널을 운영하여 뉴스를 실시간으로 제공하는 등 범위가 확대되고 있다. 특히 지상파, 종편 언론사들의 생방송 라이브 뉴스에는 많은 이용자들이 실시간 채팅 기능을 활용하여 자신들의 의견을 표출하고 있어 공론장의 역할도 수행하고 있다. 이처럼 새로운 온라인 공론장으로 부상하는 유튜브 속에서 언론사별로 유권자들의 이념 갈등이 어떻게 표출되는지 텍스트마이닝을 통하여 경험적 분석을 통해 탐색할 것이다.

2. 기존 연구 검토

이념(ideology)은 추상적인 정치적 개념이기에 학자마다, 시대에 따라 이에 대한 정의와 의미가 다르다. 컨버스(Converse 1964)는 이념을 다양한 의견, 경제적 자유나 규제에 대한 일관적인 태도, 자유-보수와 같은 추상적인 개념 등을 포함하는 신념체계로 정의하고 있으며, 아도르노 외(Adorno et al. 1950)는 정치, 경제, 종교 등 다양한 분야에서 인간과 사회에 대한 의견이나 태도, 가치관의 총체를 이념으로 본다. 정치행태에 있어 사회심리학적 요인들의 중요성을 강조한 캠벨 외(Campbell et al. 1960)는 정교하고 촘촘하며 광범위한 태도의 구조로, 정치적 의미를 지니나 그 외에서도 적용 가능하며, 일관성을 띠는 높은 수준의 추상적인 개념으로 이념을 정의한다. 학자들의 정의는 모두 다르지만, 전반적으로 이념이 여러 이슈와 상황에서 일관적으로 나타나는 정치적 태도나 신념이라는 데에는 합의가 이루어져 있다(Converse 1964; Axelrod 1969; Luttbeg 1969; Marcus et al. 1974; Klingemann 1979).

대체로 이념은 현 상황을 옹호하여 안정을 추구하는 '보수'와 상황의 변화를 도모하고자 하는 '진보'로 나뉘게 된다. 하지만 진보와 보수는 추상적인 형태이며, 포괄적인 의미가 있기에 강원택(2005)은 이념에 대해 구체적으로 경제적 가치의 배분과 관련하여 노동자와 자본가 계급 간 균열로 나타나는 좌-우, 사회적 권위 및 전통과 개인의 자유 및 인권이 대립하는 권위주의-자유주의, 다양성의 사회로 접어들면서 여러 물질적 가치의 배분을 둘러싼 근대적 가치-탈근대적 가치, 그리고 분단국가라는 한국 사회의 특징을 반영한 반공 이데올로기 거부·폐기-유지·존속 총 네 가지로 구분하여 접근하고 있다. 이념 갈등은 상반된 이해관계를 가지고 형성된 정치적 집단이 자신들의 정체성을 바탕으로 갈등을 표출하는 것을 말한다(박경미 외 2012). 그의 접근법을 바탕으로 이념을 바라본다면, 경제적 가치와 관련한 노동자와 자본가 간의 좌-우 갈등, 사회적 가치와 개인의 가치가 충돌하는 권위-자유의 갈등, 과거의 이슈와 새로운 이슈들이 대립하는 근대적-탈근대적 가치의 갈등, 그리고 대북문제를 둘러싸고 북한에 대해 우호적-비우호적 집단 간 갈등을 이념 갈등으로 볼 수 있다.

오늘날에도 이러한 갈등은 존재한다. 보수 진영 정당들은 여전히 대북 관련 안보 이슈를 선점하여 선거에서 활용하고, 민주화 운동의 핵심 지역에서는 진보 진영 정당이 80%에 달하는 지지를 받으며 압승한다. 하지만 다양성의 시대인 현대 사회는 여러 집단이 공존하고 수많은 정보를 통해 교류한다. 이렇듯 사회가 여러 집단에 대한 정보 습득이 용이해지고 다양성이 존중되는 등 점차 변화하고 있는 데에도, 이념을 둘러싼 양극화는 왜 더욱 확대되고 있는 것일까.

다수의 연구들은 인터넷을 활용한 SNS나 온라인 활동이 반향실(echo chamber) 효과, 그리고 알고리즘에 근거한 정보 여과(filter bubble) 효과의 영향을 받아 확증 편향(confirmation bias)을 일으키면서 국민들의 정치적 양극화를 가중한다고 주장한다(Stroud 2010; Wu et al. 2011; Knobloch-Westerwick 2014; Bail et al. 2018; Dylko et al. 2018; Cota et al. 2019; Bliuc et al. 2020; Cho et al. 2020; 한혜경 2011; 금희조 2013; 한규섭 외 2013; 박상운 2014; 임원혁 외 2019 등).[1]

확증 편향은 '보고 싶은 것만 보고', '믿고 싶은 것만 믿는' 것으로써 옳고 그름이 불확실한 주장이나 믿음을 적절하지 못하게 강화하는 행위로

---

1. 하지만 이와 반대로 몇몇 연구들은 오프라인 환경에 비해 다양한 의견과 콘텐츠를 접할 수 있는 온라인의 특성상 이를 통해 이용자들의 선택 폭이 넓어짐으로써 극단으로 치우치지 않게 될 수 있다고 보거나, 온라인 활동이 이념적 양극화를 일으키는 명확한 근거는 찾을 수 없다고 주장하고 있어(Benkler 2006; Obendorf et al. 2007; Fiorina and Abrams 2008; Goel et al. 2012; Hosanagar et al. 2013; Barberá 2015; Boxell et al. 2017; Beam et al. 2018; Lee et al. 2018 등), 온라인 활동이 이념적 양극화를 야기한다는 것에 대해서는 아직까지도 논란의 여지가 많다.

(Nickerson 1998) 정보의 타당성과는 별개로 정보를 취사선택하여 한쪽에 치우친 편향적 정보만을 수용하는 것을 말한다(Hart et al. 2009). 이러한 확증 편향은 온·오프라인과 상관없이 나타나는 심리적 효과이지만 거짓된 정보에 긍정적 댓글을 다는 사용자들은 진실을 마주하더라도 거짓된 정보에만 지속적으로 긍정적인 반응을 보이거나, 자신이 옳다고 믿는 신념에 대해 동질성 있는 집단의 의견들만을 수용함으로써 자신의 의견을 확증하는 극단적 행태를 보이면서 온라인에서의 새로운 문제로 대두되고 있다(Bernhardt et al. 2008; Sunstein 2009; Allcott and Gentzkow 2017; Tacchini et al. 2017; 김수아·이예슬 2017; 황용석 2017; 장우영 2018; 정성욱·이준환 2019). 그러므로 확증 편향 효과가 나타나는 상황에서 온라인 활동을 지속할 경우 자신의 의견 및 이념과 일치하는 정보만을 편향적으로 습득하여 이념 성향이 더욱 극대화될 수 있다.

더욱이 온라인 플랫폼들이 빅데이터를 활용한 알고리즘을 도입함에 따라 반향실 효과와 정보 여과가 나타나면서 확증 편향이 증대되고 있다. 알고리즘은 이용자들이 시청하는 동영상, 검색하는 정보 등을 바탕으로 이와 관련한 콘텐츠를 추천해 주는 것으로 유튜브는 '고급 검색', '시청 기록' 등의 카테고리를 통해 이용자의 사용 패턴을 파악하여 추천 영상을 제공한다. 투페키(Tufecki 2018)는 유튜브가 알고리즘을 통해 이용자의 선호에만 치중한 관련 영상을 추천함으로써 다양한 정보를 습득할 수 없게 만들어 극단화를 야기하는 매개체가 된다고 비판하고 있다. 이러한 현상을 정보 여과라 하며, 알고리즘을 통해 자동적으로 여과된 정보는 이념적 분열을 증폭시키게 된다(Pariser 2011). 반향실 효과는 일정한 공간에서 무언가를 외치면 메아리가 돌아오듯이 동질성을 가진 집단 내에서는 유사한 정보만이 확산되고 재생산된다는 의미로(Sunstein 2009) 정보 여과와 같이 이념적 양극화를 야기하는 것으로 알려져 있다. 예를 들어 반향실 효과가 나타나는 트위터 사용자의 경우, 자신의 이념적 성향과 유사한 기사나 트윗만을 리트윗(공유)함으로써 이념을 강화하게 되는 것이다. 또한 네이버 밴드나 카페 등 집단적인 온라인 활동을 수행할 경우, 해당 집단이 특정 이념 성향을 가지고 있다면 이들은 자신들의 이념성향과 맞는 정보만을 공유하여 이념 성향을 확고히 하는 경향이 나타나게 된다.

이러한 현상은 실제 다수의 한국을 대상으로 한 연구에서도 확인되고 있으며, 온라인 활동이 이념적 양극화를 강화시킨다는 주장을 뒷받침 한다. 종합편성채널과 각종 신문사들이 한국 사회에서 나타나는 이슈들에 대해 어떻게 보도하고 있으며 유권자들의 정치적 태도에 어떠한 영향을 미치는지 살펴본 이소영(2017)은 유권자가 가지고 있는 이념과 같은 이념성향을 지닌 미디어가 유권자를 더욱 정파적으로 변화시킨다고 주장하기도 하였다. 또한 유튜브를 분석대상으로 하여 사회적 갈등의 측면에서 정보 여과 효과를 검증한 정정주 외(2019) 역시 사용자들이 필터링한 정보만을 선별적으로 제공받게 됨으로써 자신과 다른 관점의 정보로부터 분리되는 정보 여과의 효과가 작용하여 이념적 거품에서 헤어 나오기 어렵다고 보았다. 유승현·정영주(2020)가 지상파방송 유튜브 뉴스 채널의 콘텐츠를 분석하고 사용자들을 심층 인터뷰한 연구에서도 인터뷰 참여자들 대다수가 뉴스 소비의 측면에서 이념적 양극화를 모두 체감하고 있다는 것이 확인되었다. 한편 종합일간지를 중심으로 한국 유권자의 미디어 이용 행태를 살펴본 민희·이원태(2015)는 유권자들이 자신이 가지고 있는 이념적 성향에 따라 그에 맞는 일간지를 선호할 가능성이 크지만, 선택적 노출의 측면에서는 진보성향의 유권자들에게서 보수 종합일간지에 더 많이 노출되는 보수 성향 유권자들과 같은 경향성이 발견되어 이념에 기반을 둔 미디어 이용이 진보성향 유권자들에게는 나타나지 않을 수 있다고 주장하였다.

비록 이와 같은 많은 연구들이 이루어져 왔으나, 오늘날 한국 사회에서 주목받고 있는 온라인 플랫폼은 유튜브로 이에 대한 연구도 진행될 필요가 있다. 유튜브는 동영상 콘텐츠를 시청하는 국민 중 93.7%가 이용할 정도로 가장 많이 활용되는 온라인 플랫폼이다(나스미디어 2020). 또한 개인 크리에이터 중심에서 MCN 사업자들과 언론사들까지 유튜브에 가세하면서 뉴스 산업에서도 유튜브는 소셜 뉴스 채널로 각광받던 페이스북을 제치고 상당한 수준의 이용률을 보이고 있어(전상현·이종혁 2020), '유튜브 저널리즘'이라는 용어까지 생겨나기 시작했다(양선희 2020). 더욱이 언론사들의 유튜브 라이브 뉴스 스트리밍은 실시간 채팅 기능을 활용함으로써 뉴스를 보는 시청자들끼리 채팅을 통해 의견을 공유하고 토론하는 새로운 공론장의 역할을 수행하고 있다.

따라서 본 연구는 온라인 활동에서 이념적 양극화가 드러난다는 기존 연구들의 견해를 바탕으로, 유권자들의 이념 갈등 표출이 어떻게 되고 있는지 유튜브 실시간 채팅을 통해 살펴보고자 한다. 특히 제21대 총선은 지역구 선거에서 제3정당이 존재하지 않았기에 진보 진영 정당으로 대표되는 여당인 더불어민주당과 보수 진영 정당으로 대표되는 제1야당인 미래통합당 간의 경쟁 구도가 뚜렷하였고, 유권자들 사이에서도 코로나19와 선거법 개정, 공수처 신설 등과 관련하여 이념적으로 갈등하는 이슈가 명확하게 나타났다. 따라서 제21대 총선에 주목하여 지역구 결과가 어느 정도 확인되는 시점의 언론사별 유튜브 개표방송에서 나타난 유권자들의 이념 표출과 갈등을 탐색할 것이다.

3. 연구방법

본 연구는 언론사별 유튜브 개표방송 라이브 스트리밍에서 시청자의 실시간 채팅을 분석대상으로 하여 한국 유권자들의 이념 갈등을 살펴보고자 한다. 상당수의 지상파, 종합편성채널의 언론사들이 유튜브에 뉴스 채널을 운영하고 있으며 2020년 11월 10일 기준 주요 유튜브 뉴스 채널 구독자 수는 YTN뉴스 208만, JTBC뉴스 144만, SBS뉴스 109만, KBS뉴스 102만, 뉴스 TVCHOSUN 79.7만, 연합뉴스 TV가 57.3만에 달한다. 본 연구에서는 중도적 성향으로 볼 수 있는 보도전문채널인 연합뉴스와 대표적인 지상파방송인 KBS, 그리고 종합편성채널 중에서 진보 성향인 JTBC와 보수 성향인 TV조선을 분석대상으로 선정하였다.[2]

자료 수집은 제21대 총선 당락의 윤곽이 조금씩 나타나면서 이념 갈등이 증폭될 가능성이 큰 시점을 정하고자 하였다. 국회의원선거는 사전투표 2일과 본 투표 1일로 구분되며, 18시에 본 투표가 마감되면 투표함 개봉, 투표지 분류, 심사·집계, 개표위원 확인, 위원장 확인 등 5단계를 거쳐 개표가 이루어지게 된다. 제21대 총선에서는 코로나19 자가격리자 투표가 18시부터 약 19시까지 진행되었고, 준연동형 비례대표제로 인해 역대 최대의 정당들이 비례대표 후보자를 내면서 정당투표용지를 수개표함에 따라 본 투표 다음날 오전 10시를 넘겨서야 최종 선거결과를 확인할 수 있었다. 따라서 제20대 총선에서 밤 10시 쯤 당선자의 윤곽이 잡혔고 방송사들의 시청률이 9시 뉴스를 기점으로 최대치를 기록하였기에 이를

---

2. 국내 보도전문채널은 YTN과 연합뉴스가 대표적이고, YTN의 구독자수가 가장 많기는 하지만, YTN의 몇몇 프로그램에서 섭외한 패널들이 편향적이라는 비판이 존재함에 따라 중도적인 성향의 채널을 선정하고자 연합뉴스를 분석대상으로 삼았다.

기준으로 하여 밤 9시부터 10시까지 1시간 동안 시청자들의 실시간 채팅을 수집하였다.

수집된 실시간 채팅 수는 TV조선이 11,291개로 가장 많았으며, KBS가 7,120개, JTBC가 4,480개, 연합뉴스가 2,377개 순서로 나타났다. 이중 소위 '도배'라 불리는 한 아이디로 중복된 내용을 여러 차례 채팅에 올리는 행위와 삭제된 메시지 등을 제외하여 최종적으로 총 19,704개 언론사별로는 TV조선 8,323개, JTBC 4,188개, KBS 5,337개, 연합뉴스 1,946개를 분석하였다.

데이터 분석은 실시간 채팅에서 나타날 수 있는 단순 단어 분석과 채팅의 내용을 감정적, 이념적으로 파악할 수 있는 내용분석을 수행하였다. 우선 유튜브 실시간 채팅에서 어떠한 단어들이 많이 나타났는지 확인하고자 파이썬(python) 프로그램을 활용하여 한국어 형태소 분석기인 KoNLPy의 Twitter 형태소 분석기를 이용해 2글자 이상의 명사, 형용사, 동사를 추출한 뒤, 워드클라우드와 연관어 분석을 수행하였다. 하지만 형태소를 분석한다는 것은 각 채팅의 뉘앙스를 파악하기에는 어려움이 존재한다. 예를 들어 "진선미가?"라는 채팅은 형태소 분석을 할 경우 "가"라는 조사가 제외되면서 단순히 "진선미"라는 단어만 남게되어 그 의미를 파악할 수 없다. 또한 최근 여러 빅데이터 연구에서 활용하는 감정분석을 사용하더라도 이러한 부분은 감정을 담고 있는지 프로그램이 확인할 수 없기에 내용을 파악하기 어렵다. 따라서 본 연구는 분석의 대상을 제한하였기에 그 수가 많지 않았으므로 보다 명확하게 채팅의 의미를 확인하고자 추가적으로 내용분석하여 코딩해 통계적 수치를 도출하였다. 세부적으로 분석하기 위해 언급의 대상이 정당인지 후보자인지, 대상에 대해 긍정적인지 부정적인지, 그리고 진보적인지 보수적인지로 구분하여 코딩한 뒤 SPSS 프로그램을 사용하여 통계적 분석을 수행하였다.

예를 들어, 앞서 살펴본 "진선미가?"라는 내용을 코딩한다면, 앞뒤 다른 대상과의 뉘앙스를 파악했을 때 (대체 왜) 혹은 (여기에서) 라는 부정적 의미가 담겨있으므로 더불어민주당 후보자 언급에 1, 부정적 의미에 1, 그리고 더불어민주당 후보에 대해 부정적인 견해를 보였으니 보수적인 성향에 1을 부여한다. 하나의 예시를 더 들어보자면 "역시 성동구"라는 내용의 경우 후보자나 정당을 다루지 않았기에 해당 부분에는 0을 부여하였고, 채팅이 이루어지던 당시 성동구 지역이 더불어민주당의 우세로 나타났으므로 진보적 성향만 1로 코딩하였다. 비록 이러한 구분에 연구자의 주관이 반영될 수밖에 없으나 채팅이라는 것은 언어적 요소 중에서도 문자만을 다루고 있기에 다소 오류가 발생할 위험성이 존재하더라도 앞뒤의 분위기와 맥락에 대한 주관적 이해가 함께 이루어져야 내용을 파악할 수 있으므로 이와 같은 방식으로 데이터를 코딩하였다.

반향실 효과는 어떠한 이념적 특성을 가진 매체인가에 따라 그 안에서 동질성을 가진 개인들이 의견을 표출함으로써 이념적으로 더욱 극단화될 수 있다는 것을 보여 준다. 또한 이념적 양극화의 표출과 관련하여 사회정체성 이론에 따르면(Tajfel and Turner 1986) 정치적으로 뚜렷한 성향을 가지고 있는 개인은 타 집단에 대한 경쟁과 배척의식이 강하게 작용할 수 있다. 그러므로 이념적 성향이 다른 유튜브 뉴스 채널을 선택하여 연구를 수행하였다. 본 연구에서 살펴보고자하는 가설은 다음과 같다.

가설1. 언론사가 진보적일수록 진보적인 이념성향을 지닌 시청자가,
보수적일수록 보수적인 이념성향을 지닌 시청자가 많을 것이다.

가설2. 언론사가 진보나 보수 명확한 이념성향을 가지고 있을수록, 시청자들 역시 양극화되어있을 가능성이 클 것이다.

4. 분석결과

1) 국내 대표적 온라인 플랫폼 유튜브

미국에서 2005년 처음 서비스를 개시한 유튜브는 2008년 한국어 서비스를 지원하면서 국내 대표적 온라인 플랫폼으로 자리 잡게 되었다. 유튜브와 같은 플랫폼을 OTT(Over The Top Service)라 하는데, 인터넷을 통해 동영상 중심의 다양한 미디어 콘텐츠를 제공하는 서비스를 일컫는다. 유튜브는 국내 동영상 시청자 중 93.7%가 이용하는 플랫폼으로(나스미디어 2020), 2020년 9월 안드로이드 OS와 iOS 합산 사용자를 기준으로, 유튜브 월 사용자 수는 4,319만 명에 달해 2020 대한민국 인구 5,178만 명을 기준으로 했을 때 전체 인구의 약 83%가 유튜브를 사용하는 것으로 나타났다(아이지에이웍스 2020). 이는 OTT 앱 중 가장 큰 점유율을 차지하는 것으로 국민 메신저인 카카오톡 사용자 수에 버금가는 수준이라 할수 있다.

한편 사용시간에 있어서는 유튜브가 카카오톡을 상당히 앞서는 것으로 나타났는데, 주로 동영상을 제공하는 플랫폼이니만큼 다른 앱들과 현저한 차이가 나타났다. 같은 조사에서 1인당 월평균 앱 사용시간을 살펴본 결과 유튜브가 평균 29.5시간으로 주요 앱 중 가장 긴 사용시간을 보였다. 이는 한국인들이 가장 많이 활용하는 메신저인 카카오톡 사용시간

보다 2배 이상 긴 것으로, 카카오톡의 사용시간은 12.0시간에 불과하다.

유튜브 사용의 또다른 특징은 연령에 따른 차이가 크지 않다는 점이다. 유튜브 앱의 1인당 월평균 사용일 수를 연령대별로 살펴보면 10대는 20.0일, 20대는 19.1일, 30대는 16.7일, 40대는 16.1일, 50대는 16.3일, 60대 이상은 15.8일로 연령이 낮을수록 많이 사용하고는 있으나, 평균

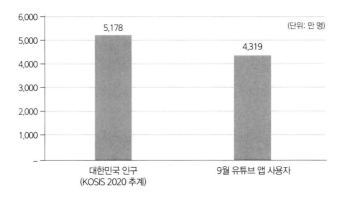

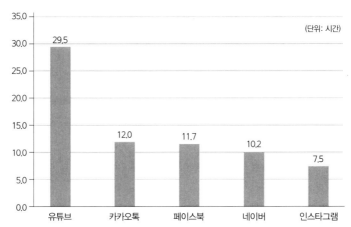

〈그림 1〉 유튜브 앱 사용자 수 현황 및 주요 앱 1인당 월평균 사용시간: 2020년 9월

출처: 아이지에이웍스. 2020. 「유튜브(YouTube) 앱 분석 리포트」, https://www.igaworksblog.com/post/%EC%9C%A0%ED%8A%9C%EB%B8%8C-youtube-%EC%95%B1-%EB%B6%84%EC%84%9D-%EB%A6%AC%ED%8F%AC%ED%8A%B8

16.9일로 전체적으로 사용일 수에 있어 큰 차이를 보이지는 않는다(아이지에이웍스 2020).

이렇듯 오늘날 한국사회에서의 유튜브는 연령을 초월한 모두가 사용하는 대표적 온라인 플랫폼이며, 제작된 동영상에 대해 평가하고 이를 공유하는 활동에서 더 나아가 실시간 채팅을 제공하고 있어 시청자 간 해당 내용에 대해 소통하고 의견을 교류할 수 있는 공론장으로까지 역할을 확대하고 있다. 특히 사회적 이슈에 대한 의견 표출은 개인 크리에이터들의 방송보다 각종 언론사들의 뉴스채널에서 볼 수 있는데, 언론사들은 유튜브 채널을 통해 뉴스를 TV 방송과 동시에 실시간으로 스트리밍하고 있으며, 시청자들은 뉴스에서 보도되는 사안들에 대해 실시간 채팅에서 의견을 표출하고 공유한다. 그렇다면 이러한 유튜브 뉴스채널에서 시청자들은 어떠한 의견을 표출하고 있으며, 이념적으로 뚜렷한 성향을 보이는 채널의 시청자들은 어떠한 이념적 분포와 균열을 보이고 있을까? 그리고 국회의원 선거라는 정치적으로 가장 대립할 수밖에 없는 상황에서 한국의 유권자들은 어떤 이념적 대립을 보이고 있을지 구체적으로 살펴보았다.

2) 형태소 분석과 워드클라우드를 통한 총선 개표 유튜브 채팅 단어 분석

전체 언론사를 통합하여 총선 개표 유튜브 실시간 채팅에서 나타난 주요 단어들을 시각화하여 〈그림 2〉에 제시하였다. 워드클라우드는 채팅에서 가장 많이 나타난 단어들이 크게 표시된다. 하지만 앞서 설명하였듯이 형태소 분석을 통한 워드클라우드는 단순히 단어만을 보여 주기 때문에 해당 단어들이 어떠한 의미를 가졌는지 확인이 불가하다. 따라서 반드시

〈그림 2〉 총선 개표방송 유튜브 실시간 채팅 기반 워드클라우드

구체적인 내용분석을 통해 단어의 의미를 확인할 필요가 있다. 우선 전체 채팅에 대한 분석에서는 세부적인 의미보다는 개괄적으로 어떠한 단어들이 많이 나타났는지 보고자 한다.

제21대 총선에서 거대 여당이 탄생한 결과를 반영하듯 실시간 채팅에서도 '민주당'이라는 단어가 가장 많이 등장했으며, '서울'과 '대구' 같이 더불어민주당과 미래통합당 각각이 압승을 거둔 지역에 대한 언급이 다수 존재했다. 이는 명확히 단어들의 의미를 확인하여 내용을 분석해야 알 수 있겠지만, 추측하건대 정당의 이념적 성향에 따라 유권자들 역시 이념적으로 균열되어 있으며, 특히 지역과 관련하여 여전히 한국 사회에서 갈등이 존재하고 있음을 보여 주는 결과라 생각된다.

구체적으로 언론사를 구분하여 유튜브 실시간 개표방송 채팅에서 어떠한 단어들이 가장 많이 등장했는지 살펴보았다. 우선 보수 성향의 채널인 TV조선은 '서울'과 '조작', 진보성향의 JTBC 실시간 채팅에서는 '대구'와 '김진태'가 가장 큰 단어로 나타났다. TV조선의 '서울'과 '조작'은 부정

[TV조선]　　　　　　[JTBC]

[KBS]　　　　　　[연합뉴스]

〈그림 3〉 언론사별 유튜브 실시간 채팅 기반 워드클라우드

적 의미를 지니고 있다. "서울공산화 됐다", "서울왜글치", "서울 경기 반
성좀해라 저게 결과냐???!!?!?!?", "서울이 진짜 정신 못 차리네." 등 더
불어민주당이 선전하고 있는 서울의 투표 결과에 대해 부정적인 태도를
보여 주는 내용이 다수 나타난다. 또한 '조작'의 경우 "서울 조작 밝혀라",
"100% 조작", "사전투표 조작냄새가", "조작선거증좌를찾아라" 등 사전
투표와 이번 제21대 총선에서 더불어민주당이 앞서고 있는 상황이 선거

조작이라는 의혹을 제시하는 내용이 대다수를 차지한다. 형태소 분석을 통해 추출한 단어들과 내용만을 보더라도 TV조선 시청자들의 다수가 보수적 성향을 가지고 있다는 것을 유추할 수 있다.

JTBC의 경우 '대구'의 미래통합당의 선거승리와 '김진태' 미래통합당 후보자의 당선에 대한 비판적 의견이 다수였다. "대구는 시장이 저모양인데도 좋다고 뽑아주는걸보니 답이 없다는걸 느꼈다", "노답 대구", "대구는 진짜 답없어" 등과 대구 내 신천지교를 중심으로 코로나19가 확산되었던 상황과 연결지어 "대구는 뭐… 신천지 신도들이 있으니 그러려니 한다…", "대구는 신천지네", "대구는 종교아래 사나보네" 등 부정적인 내용이 다수였다. JTBC에서도 역시 진보적 성향 시청자들이 다수로 보인다.

반면 지상파와 보도전문채널을 대표하는 KBS와 연합뉴스의 경우 여러 개의 작은 단어들이 다수 나타났는데 그중에서도 두 채널 모두 '민주당'이라는 단어가 가장 크게 나타났다. KBS 유튜브 개표방송 실시간 채팅에서는 "민주당 160가자~~~~~~~~~~~~~~", "민주당 가자!!", "민주당에 내 손목아지 걸었다." 등 긍정적인 견해와 "민주당 지지하는사람들 뭐냐? 아직 정신 못차렸네 나라 어디까지 말아먹으려고??", "민주당은 좀..", "와 민주당 도랏? 뽑는사람들 뭐임?" 등 부정적인 견해가 공존하고 있었다. 흥미로운 것은 앞서 TV조선이나 JTBC에서와는 달리 "사실 민주당이랑 통합당은 겉보기에만 치고박고 싸우지 실상은 다 친구들임.ㅋㅋㅋ 특혜 누리려고 의원하지, 봉사하려고 의원 하냐!?ㅋㅋㅋㅋ케", "민주당을 막으려면 통합당 뽑아야하니", "그냥 민주당 통합당 둘다 뽑지마!", "이렇게 대한민국은 좌우로 갈려있습니다." 등 기성정치에 대한 반발과 중도적 성향을 볼 수 있는 채팅들도 존재하고 있었다.

연합뉴스도 이와 유사했는데, "민주당 180석가자제발", "민주당 파이팅", "민주당코로나 대응 세계최고다" 등의 긍정적 반응과 "아니 진짜 어떻케 민주당을 뽑을수 있을까", "전남 민주당 80% 실화냐 ㅋㅋㅋㅋ", "적폐는 민주당" 등 부정적 의견이 유사하게 나타났으며, 오히려 KBS 실시간 채팅보다 중도적인 의견은 찾아보기 어렵고 진보적 성향의 시청자들이 다수인 것으로 보였다.

시각화시킨 워드클라우드를 보다 세부적으로 살펴보고자 실시간 채팅에서 나타난 상위 10개의 단어를 추출하였다. 〈표 1〉은 유튜브 실시간 채팅에서 빈도수가 가장 높았던 10개의 단어가 몇 번씩 등장했는지를 보여주는 것이다. 괄호 안은 해당 단어가 몇 번 나타났는지 빈도를 나타낸다. 우선 워드클라우드에서 나타난 것과 같이 TV조선에서는 '서울'과 '조작', JTBC에서는 '대구'와 '김진태', KBS에서는 '민주당'과 '민주', 그리고 연합뉴스에서는 '민주당'과 '만세'가 가장 많은 빈도수를 보였다. 언론사의 이념적 성향에 따라 자주 등장하는 단어들이 확연한 차이를 보이며, TV조선이나 JTBC와 같이 이념적 성향이 명확한 채널의 경우 이들보다 이념적 성향이 상대적으로 약한 채널들에 비해 상대 진영을 비난하는 부정적인 단어들이 다수 사용되고 있었다. 반향실 효과가 진보, 보수 유튜브 뉴스 채널 내에서 시청자들의 이념 역시 동질적 성향으로 극단화되고 있는 것은 아닌지 가설2의 가능성을 보여 주는 결과로 생각된다.

한편 본 연구에서 주목하고 있는 부분은 아니지만 흥미로운 점은 '중국'과 '일본'이라는 국내 선거와는 관련성이 없어 보이는 단어들이 상위권이 있다는 것인데, 이는 중국, 일본과의 외교적 관계에 관한 내용이 아니라 이번 선거가 '한일전'이라는 여당의 프레임이 영향을 미쳤기 때문으로 보인다. 더불어민주당은 선거를 앞두고 "이번 총선은 한일전"이라며

순위	TV조선		JTBC		KBS		연합뉴스		전체	
1	서울	(363)	대구	(393)	민주당	(247)	민주당	(93)	민주당	(730)
2	조작	(306)	김진태	(192)	민주 (더민주)	(188)	만세	(59)	대구	(625)
3	민주당	(245)	부산	(155)	가즈 (가즈아)	(159)	국민	(55)	서울	(492)
4	파이팅	(240)	민주당	(145)	대구	(150)	통합	(48)	화이팅	(442)
5	황교안	(239)	사람	(125)	중국	(146)	전라도	(38)	황교안	(413)
6	중국	(172)	진짜	(122)	강남	(109)	이제	(37)	진짜	(406)
7	진짜	(166)	장제원	(109)	진짜	(95)	사람	(36)	중국	(363)
8	이낙연	(150)	강남	(101)	파이팅	(95)	투표	(35)	사람	(336)
9	국민	(148)	황교안	(95)	사람	(93)	미래	(35)	부산	(330)
10	선거	(147)	파이팅	(88)	대전	(86)	대한 민국	(34)	조작	(321)

미래통합당에 친일 프레임을 씌웠고, 미래통합당은 '친문', '친조국'을 내세우며 코로나19 사태 속 정부의 외교 정책이 '친중 사대주의'였다며 반중 정서를 자극했다(조미현 2020). 비록 실제 선거는 한중, 한일전이 아니었으나 여야 정당이 갈등 프레임을 조장한 것이 유권자들에게도 강한 영향을 미친 것이다. 대중들은 정치적 엘리트들이 조작하여 제시하는 프레임에 쉽게 동화되며 이러한 영향력이 정치적 행태로까지 이어진다 (Druckman 2004; Chong and Druckman 2007; Hansen 2007). 중국과 일본에 대한 채팅들은 정치권이 형성한 갈등 프레임이 선거에서 유권자들을 얼마나 분열시키고 있는지를 보여 주는 결과이다.

　다음으로 뉴스 채널에 따라 가장 많이 나타난 상위 5개의 단어를 기준으로 해당 단어들과 연관되어 나타나는 연관어 분석을 수행하였다. 내용으로 세부적으로 보기 이전에 이러한 연관어 분석은 형태소 분석에서 더 나아가 해당 단어가 갖는 의미를 유추할 수 있게 한다. TV조선 유튜브 실시간 개표방송 채팅에서 나타난 다수의 단어는 '서울', '조작', '민주당', '황교안', '중국' 순서였다. 이상 5개의 단어가 채팅에서 나올 때 앞뒤로 이어져서 자주 나오는 단어가 무엇인지 연관어 분석을 통해 살펴본 결과 '서울'은 더불어민주당이 강세를 보였던 '경기' 지역에 대한 언급이 가장 많았으며, 이어서 '전라도'라는 민주 진영의 텃밭인 지역에 대한 언급이 따라왔다. 이는 채팅 내용 중에서도 "설라도"가 다수 등장한 것으로 보아 '서울이 전라도와 같다'라는 의미를 담고 있어 연관어로 나타난 것으로 보인다. 또한 '강남'의 경우 미래통합당이 서울 지역 내에서 유일하게 승리를 거둔 지역이기 때문에, '조작'과 '수준'은 앞서 살펴보았듯 서울의 선거가 조작이라는 내용이나 서울의 수준이 낮다는 부정적 내용이 연결되어 나타났다. 한편 '중국'과 '북한' 등 진보 진영을 반공 이데올로기 프레임과 관련지어 언급하는 키워드들도 확인할 수 있었다.

이어서 '조작'이라는 단어에는 '선거', '사전투표', '개표', '전자', '개표기' 등 제21대 총선의 선거 과정과 개표를 둘러싼 보수 성향 유권자들의 의혹

〈표 2〉 주요 단어와 연관어 분석: TV조선

	서울 (307)		조작 (238)		민주당 (195)		황교안 (196)		중국 (153)	
1	경기	(40)	선거	(56)	압승	(9)	차명진	(11)	속국	(20)
2	전라도	(32)	사전투표	(27)	이기자	(9)	사퇴	(10)	한국	(15)
3	진짜	(24)	개표	(15)	조작	(9)	가라	(10)	북한	(13)
4	강남	(16)	투표	(15)	서울	(8)	때문	(9)	나라	(12)
5	조작	(13)	서울	(13)	중국	(8)	이낙연	(9)	승리	(12)
6	수준	(12)	민주당	(10)	응원	(8)	김형오	(9)	서울	(10)
7	중국	(10)	전자	(10)	차명진	(6)	박형준	(8)	앞잡이	(9)
8	경기도	(10)	개표기	(10)	대체	(6)	공천	(8)	미제	(9)
9	그냥	(10)	사전	(10)	국민	(6)	당장	(8)	민주당	(8)
10	북한	(10)	진짜	(8)	이낙연	(5)	유승민	(8)	대한민국	(8)

이 TV조선 채팅에서 다수 제기된 것으로 나타났다. '민주당'이라는 단어에는 '압승', '이기자' 등의 긍정적인 내용은 각각 9차례밖에 나타나지 않아 긍정적인 내용이 많지 않았음을 추측하게 하며, 미래통합당의 당 대표였던 '황교안'에 대해서 막말 파문을 일으켰던 '차명진' 후보와 같이 언급하거나 '사퇴', '가라', '때문', '김형호', '공천' 등 이번 선거에서 미래통합당의 패배가 황교안 당 대표 및 공천관리위원회 지도부 때문이라는 보수 진영 내부 비난의 목소리가 높았던 것으로 보인다.

마지막으로 '중국'의 경우 한국이 중국의 속국이 되었다, 북한이나, 이게 나라냐 등 한중전 프레임에 영향을 받아 보수 성향의 국민들이 선거결과와 프레임을 연결짓는 모습을 다시 한번 확인할 수 있다.

진보적 이념성향 뉴스 채널인 JTBC는 TV조선과 정반대의 양상을 보인다. 주요 키워드는 '대구', '김진태', '부산', '민주당', '장제원'으로 '민주당'을 제외하고는 미래통합당과 관련하여 부정적 의미를 담은 단어들이 다수로 나타났다. 또한 각각의 단어와 연관된 단어들 역시 보수 진영의 미래통합당에 대한 부정적 인식을 강하게 내포하고 있다. '대구'에는 '신천지', '부산', '진짜', '사람', '코로나', '일본' 등 미래통합당이 승리한 대구 지역에 대해 비난의 목소리가 다수 확인되었으며, 미래통합당 '김진태' 후보에 대해서는 '장제원' 후보와 연관 지어 '진짜', '사람', '춘천', '정말' 등 "김진태를 뽑은 사람들은 먼지 모르겠음", "김진태는 아니지 진짜 이것들아", "춘천 사람들 대단. 김진태 또 되나"와 같이 부정적인 의견을 보이고 있었다.

'부산' 역시 '대구'와 마찬가지로 미래통합당의 승리가 보였던 지역인데, '대구', '진짜', '사람', '노답', '핑크' 등 보수 진영을 비판하는 내용이 연관된 것으로 나타난다. 한편 '민주당' 단어에 대해서는 '투표', '화이팅', '시

<표 3> 주요 단어와 연관어 분석: JTBC

	대구 (314)		김진태 (137)		부산 (122)		민주당 (131)		장제원 (80)	
1	신천지	(38)	장제원	(30)	대구	(30)	투표	(10)	김진태	(30)
2	부산	(29)	진짜	(18)	진짜	(11)	화이팅	(9)	나경원	(10)
3	진짜	(22)	사람	(14)	사람	(10)	대구	(9)	민경욱	(7)
4	사람	(19)	춘천	(13)	울산	(10)	중국	(8)	정말	(6)
5	코로나	(17)	정말	(10)	사상	(7)	시민	(7)	안산	(5)
6	일본	(15)	나경원	(9)	춘천	(6)	선택	(7)	단원	(5)
7	정말	(13)	민경욱	(7)	노답	(6)	나라	(7)	진짜	(5)
8	경북	(13)	이언주	(6)	장제원	(5)	승리	(7)	부산	(5)
9	노인	(12)	막말	(5)	핑크	(5)	압승	(7)	실화	(4)
10	수성	(12)	인간	(5)	해운대	(4)	통합	(6)	아들	(4)

민', '선택', '승리', '압승' 등 긍정적인 단어도 찾아볼 수 있었으나 앞서 살펴본 다른 주요 단어들의 부정적인 내용의 빈도수와는 달리 많이 언급되지는 않은 것으로 보인다. 마지막으로 '장제원'의 경우 '김진태', '나경원', '민경욱'과 같이 미래통합당 후보자들과 묶여 "김진태 장제원 등 뽑는 놈들은 진짜 생각없다", "김진태, 장제원, 나경원은 답도 없다" 등과 같이 부정적 내용의 채팅이 다수였다.

보수 성향 채널인 TV조선과 진보성향 채널인 JTBC의 실시간 채팅 단어들을 종합적으로 살펴볼 때 각 진영에 대한 부정적 견해가 다수를 차지하면서 강한 이념적 갈등이 나타나고 있는 것을 확인할 수 있었다. 반면 앞서 워드클라우드에서도 나타났듯 연관어 분석에서도 KBS와 연합뉴스에서는 이념적 균열이 한쪽에 치우쳐지지 않고, 전반적으로 선거에 대한 긍정적인 내용이 주를 이루고 있었다.

KBS의 경우 '민주당'에 대해서는 연관성 있는 8번째 단어까지 긍정적인 내용을 담고 있으며, '대전'에 대해서도 긍정적인 키워드가 연관어로 나타났다. 한편 '대구'와 '강남'에 대해서는 부정적인 연관어가 확인되었는데 이는 KBS가 연합뉴스보다 진보적 성향이 강한 시청자들이 많기 때문으로 보인다. 하지만 '중국'이라는 단어에 대해서는 '일본', '한국', '북한', '민주' 등이 따라오면서 정치권의 프레임에 대해서는 한쪽으로 치우

〈표 4〉 주요 단어와 연관어 분석: KBS

	민주당 (202)	대구 (118)	중국 (124)	강남 (77)	대전 (53)
1	가즈 (17)	신천지 (12)	일본 (26)	사람 (8)	세종 (7)
2	나라 (14)	경북 (10)	한국 (21)	역시 (8)	올킬 (7)
3	사람 (13)	광주 (9)	북한 (16)	후보 (5)	민주당 (6)
4	파이팅 (11)	부산 (9)	민주 (8)	서초 (5)	독립운동 (4)
5	생각 (10)	진짜 (9)	시진핑 (7)	태구민 (4)	파이팅 (4)
6	진짜 (8)	코로나 (7)	나라 (7)	서울 (4)	역시 (3)
7	지지자 (8)	지역 (4)	(한/중)일전 (7)	송파 (4)	호남 (3)
8	제발 (7)	봉쇄 (4)	이제 (7)	태영호 (4)	
9	보수 (6)	보수 (4)	속국 (6)	북한 (4)	
10	통합 (6)	경남 (4)	만세 (6)	탈북 (3)	

〈표 5〉 주요 단어와 연관어 분석: 연합뉴스

	민주당 (79)	미래통합 (41)	전라도 (28)	투표 (28)	대한민국 (29)
1	만세 (14)	당선 (6)	후보 (5)	사람 (6)	만세 (10)
2	진짜 (5)	대구 (5)	올킬 (4)	반성 (5)	국민 (7)
3	압승 (5)	부산 (5)	민주당 (3)	노인 (3)	간첩 (7)
4	서울 (4)	공천 (4)	영남 (3)	중구 (3)	지지 (3)
5	현재 (3)	박용찬 (4)	무조건 (2)	안함 (3)	파란색 (3)
6	전라도 (3)	이번 (3)	핑크 (2)		
7		국민 (3)			
8		울산 (3)			
9		이제 (3)			
10		서울 (3)			
11		경남 (3)			

친 연관어가 나타나지는 않은 것으로 보인다.

KBS보다 더욱 중도적 성향의 시청자들이 많은 것으로 보이는 연합뉴스의 경우 주요 단어와 연관어에서도 그러한 차이가 명확하게 나타났는데, '민주당', '미래통합', '전라도', '대한민국'에 대해서는 상대적으로 다른 채널의 주요 단어 및 연관어들 보다 긍정적인 단어들이 나타났으며, '투표'라는 용어에서만 '사람', '반성', '노인' 등 빈도수를 많지 않더라도 "노인 연금받는 사람은 투표권 빼야 하는 거 아닌가..", "열에 다섯은 투표 안함 ㅋㅋㅋ 이땅에 깨인 사람들아 투표장으로 가지마라 ㅋㅋ", "투표 안 한 자 반성해라", "사전투표 때문에 이길 수가 없음" 등 각 이념 성향에 따라 비슷한 정도의 비판이 존재하고 있었다.

종합적으로 언론사별 주요 단어와 연관어를 분석한 결과, 이념성향이 명확한 뉴스 채널에는 상대 진영에 대한 부정적 채팅이 다수였던 반면, 이념성향이 명확하지 않은 채널일수록 긍정적인 내용의 채팅이 나타나는 경향을 확인할 수 있었다. 하지만 이러한 결과는 주요 단어와 키워드들 몇 가지를 살펴본 것일 뿐, 부정과 긍정, 진보와 보수적 성향의 정도를 정확하게 확인하기에는 어려움이 있다. 따라서 추가적인 내용분석을 통해 구체적으로 어떠한 차이를 보이는지 알아보고자 한다.

3) 총선 개표 유튜브 채팅 내용분석: 이념 갈등

정당과 후보자에 대한 긍정적, 부정적 평가 및 채팅의 세부 내용이 담고 있는 의미를 추론하여 각각의 채팅을 진보와 보수의 성향을 구분해 살펴보았다. 〈그림 4〉는 언론사별로 실시간 채팅의 이념성향의 평균을 도출한 것이다. 1은 진보적 성향, 0은 보수적 성향을 나타내고 있다. 분석결과 JTBC 유튜브 실시간 개표방송 시청자들의 이념적 성향이 가장 진보적인 것으로 나타났다. 이러한 채널별 차이는 신뢰수준 99%에서 통계적으로 유의미하였다. JTBC 실시간 채팅의 이념성향은 1점 만점에 0.86으로 보수 성향의 TV조선과는 약 0.12의 확연한 차이를 보였다. 이러한 결과는 가설1을 뒷받침해 주는 것이며 언론사의 이념성향에 따라 시청자들의 이념성향 역시 달라질 수 있다는 것을 보여 준다. 한편 다소 중도적 이념을 가진 언론사로 포함하였던 KBS와 연합뉴스에서는 두 채널의 채팅들은 모두 약간의 진보적인 성향으로 나타났으며 보도전문채널인 연합뉴스는 진보와 보수의 중간인 0.5에 가장 가까운 평균을 보여 주었다.

다음으로 시청자들의 채팅을 중심으로 이념성향을 언론사별로 살펴보았다. 〈표 6〉은 언론사별로 실시간 채팅의 이념성향을 구분하여 제시한 것이다. 대체로 이념성향이 뚜렷한 진보 성향의 JTBC와 보수 성향의 TV조선에서 명확하게 이념 성향을 확인할 수 있는 채팅이 많았으며 차이 또한 뚜렷하게 나타났다. TV조선의 경우 전체 채팅의 65.5%가 보수적 성향의 내용이었던 반면 진보적 성향의 내용은 8.7%에 불과하여 약

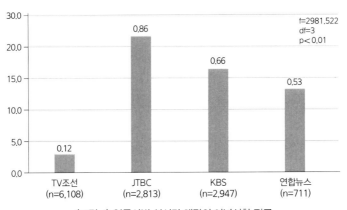

〈그림 4〉 언론사별 실시간 채팅의 이념성향 평균

56.8%p의 극명한 차이를 보여 주었으며, JTBC 역시 진보적 성향의 채팅이 58.0%, 보수적 성향의 채팅이 9.1%로 약 48.9%p의 차이가 나타났다. 이는 이념성향이 확인되지 않는 기타의 채팅을 제외하면 더욱 명확하게 나타난다. 기타의 채팅을 제외할 경우 TV조선은 보수적 성향의 채팅이 88.3%를, JTBC는 진보적 성향의 채팅이 86.4%를 차지한다.

　반면 두 채널보다 상대적으로 이념성향이 명확하게 나타나지 않는 KBS와 연합뉴스 같은 경우 기타의 채팅이 각각 44.8%, 63.5%로 가장 많게 나타났으며 KBS에서는 진보적 성향의 채팅이 36.2%로 보수적 성향의 채팅보다 약 17.1%p 많았고, 연합뉴스에서는 진보적, 보수적 성향의 채팅이 각각 19.3%, 17.3%로 진보적 성향의 채팅이 다소 많았으나 큰 차이를 보이지는 않았다. KBS와 연합뉴스는 기타의 채팅을 제외하면 보수적 성향이 각각 34.5%, 47.3%이고, 진보적 성향이 65.5%, 52.7%로 나타났다. 공영방송사인 KBS에서의 이러한 채팅의 양상은 제21대 총선에서의 더불어민주당의 승리를 예측, 반영한 것으로 추측되며, 보도전문채널인 연합뉴스에서 나타난 각 이념성향 별 유사한 비율은 해당 언론사가 편향된 이념적 성향을 가지지 않은 곳이라는 점을 보여 주는 결과라 생각된다.

　이념성향이 명확한 JTBC와 TV조선과 같은 언론사 유튜브 뉴스 채널의 채팅에서 한쪽 이념으로 편향된 결과가 나왔다는 것은 극명한 대립보다는 반향실효과와 같이 동질적인 집단 간에 대화가 이어졌을 가능성이 크다고 볼 수 있다. 따라서 가설 2는 기각된다. 하지만 각 언론사의 이념성향에 따라 각 유튜브 채널 시청자들의 이념 표출이 극명하게 나타난다는 점은 거시적인 측면에서 유튜브 뉴스 채널 실시간 스트리밍 채팅에서도 기존 연구들에서 주장하듯 동질적인 집단 간의 교류가 더 많아 온라인

<표 6> 언론사별 실시간 채팅의 이념성향

언론사	보수적 성향		진보적 성향		기타*		전체	
TV조선	5,392	(65.5%)	716	(8.7%)	2,124	(25.8%)	8,232	(100%)
JTBC	382	(9.1%)	2,431	(58.0%)	1,375	(32.8%)	4,188	(100%)
KBS	1,016	(19.0%)	1,931	(36.2%)	2,390	(44.8%)	5,337	(100%)
연합뉴스	336	(17.3%)	375	(19.3%)	1,235	(63.5%)	1,946	(100%)
전체	7,126	(36.2%)	5,453	(27.7%)	7,124	(36.2%)	19,703	(100%)
카이제곱	x^2=6855.047, df=6, p$<$0.01, N=19,703							

* 기타는 이념성향을 확인할 수 없는 채팅들로 "나이스", "미치겠네", "화이팅", "오" 등 특정 대상이
지칭되어 있지 않거나 특정 후보자의 이름만을 적어 이념성향이 확인되지 않는 것 등이 포함되어
있다.

활동의 반향실 효과로 인한 이념적 양극화가 증대될 가능성이 있다는 것
을 보여 준다.

5. 마치며

오랜 사회 균열 구조인 이념 갈등은 코로나19 속 온라인 활동이 늘어나
고 있는 상황에서 오프라인을 넘어 온라인으로까지 확대되고 있다. 온라
인 활동이 이념 양극화를 강화한다는 주장이 적지 않은 가운데, 본 연구
는 한국 사회에서 가장 많이 사용되는 유튜브를 중심으로 제21대 총선 언
론사들의 유튜브 실시간 개표방송에서 시청자들이 이념적 갈등과 대립
을 표출하고 있는지 경험적으로 살펴보았다.

분석결과 JTBC와 TV조선의 채팅에서 가장 많이 나타난 상위 단어들
과 연관성 분석을 통해 확인한 연관어 모두 상대 진영에 대한 부정적인
단어들이 대다수였다. 반면 KBS와 연합뉴스 실시간 채팅에서는 대체로

긍정적인 단어들이 나타났으며, 부정적인 단어들과 유사한 비중을 보이는 것이 확인되었다. 이는 이념성향이 명확한 매체일수록 유사한 이념을 가진 시청자들이 참여하여 반향실 효과를 통해 자신의 의견과 이념을 견고히 하는 방향이 아니라 상대 이념에 대한 부정적 인식을 강화함으로써 이념을 극단화시킬 가능성이 크다는 것을 보여 주는 것이다.

이러한 이념적 극단화의 가능성은 실시간 채팅의 내용을 언론사별로 이념성향에 따라 살펴본 결과에서도 확인되었다. 진보적 성향의 JTBC와 보수적 성향의 TV조선 실시간 채팅에서 각각 진보적 성향의 채팅과 보수적 성향의 채팅이 65.5%, 58.0%로 다수를 차지하고 있었다. 이념성향이 측정되지 않는 기타 채팅을 제외하면 JTBC의 진보적 성향의 채팅은 86.4%, TV조선은 보수적 성향의 채팅이 88.3%에 달한다. 상대적으로 중도적 성향의 KBS와 연합뉴스에서는 이념이 명확한 두 채널보다 채팅의 이념성향이 편향되지 않는 것으로 나타났다. 즉, 진보 성향과 보수 성향이 명확한 매체에서 반향실 효과가 나타날 가능성이 있는 동질적 채팅이 나타나 궁극적으로 이념 균열과 갈등이 증대될 가능성이 존재하였다.

본 연구의 결과를 요약하자면 다음과 같다. 사회적 가치가 다양화되고 있음에도 불구하고 전 세계적으로 이념적 양극화는 가중되고 있다. 사회적 분열을 최소화하고 안정적인 사회를 유지하기 위해 이념 갈등과 균열은 해소되어야 할 것이다. 하지만 여전히 정치인들은 선거를 중심으로 한 정치과정 속에서 유권자들의 이념 균열을 자극하고 프레임을 만들어 갈등을 조장하여 지지층을 결집한다. 적절한 이념 대립과 정책적 경쟁은 정당정치를 활성화하고 정치참여를 증대시키는 데에 긍정적인 영향을 미칠 수 있다. 그러나 선거승리만을 위한 프레임 정치, 갈등의 확산은 사회적 분열과 유권자들의 정치적 불신을 야기하여 모두가 실패하는 결과를 초래하게 될 것이다. 사회적 이념 갈등과 균열의 완화와 정치적 성숙을 위해서 사회적인 노력이 이루어져야 할 것이다.

참고문헌

강선아·김유신·최상현. 2015. "텍스트마이닝을 이용한 사회 이슈 찬반 분류에 관한 연구." 『한국데이터정보과학회지』 26(5). 1167-1173.

강원택. 2005. "한국의 이념 갈등과 진보·보수의 경계." 『한국정당학회보』 4(2). 193-217.

금희조. 2013. "SNS의 활용과 정치적 소통의 양극화: 미국 퓨 리서치 데이터 분석." 『한국언론학보』 57(3). 272-293.

김수아·이예슬. 2017. "온라인 커뮤니티와 남성-약자 서사 구축: '여성혐오' 및 성차별 사건 관련 게시판 토론의 담론 분석을 중심으로." 『한국여성학』 33(3). 67-107.

나스미디어. 2020. 「2020 인터넷 이용자 조사(NPR)」.

민희·이원태. 2015. "유권자의 이념성향과 미디어 이용." 『한국정당학회보』 14(1). 157-176.

박경미·한정택·이지호. 2012. "한국사회 이념갈등의 구성적 특성." 『한국정당학회보』 11(3). 127-154.

박상운. 2014. "왜 SNS에서 정치 양극화가 지속되는가?: 의사소통 대상, SNS 정보 신뢰도, 타인 신뢰도를 중심으로." 『사회과학연구』 30(1). 235-252.

박준형·유호선·김태영·한희정·오효정. 2017. "대통령 연설기록 내용분석을 통한 역대 대통령의 중심가치 연구." 『한국기록관리학회지』 17(2). 57-78.

박철수. 2019. "텍스트마이닝을 활용한 북한 지도자의 신년사 및 연설문 트렌드 연구." *Journal of Information Technology Applications & Management*. 26(3). 43-59.

아이지에이웍스. 2020. 『2020 상반기 대한민국 모바일 앱 시장 분석 리포트』.

_____. 2020. 『유튜브(YouTube) 앱 분석 리포트』 https://www.igaworksblog.com/post/%EC%9C%C9A0%ED%8A%9C%EB%B8%8C-youtube-%EC%95%B1-%EB%B6%84%EC%84%9D-%EB%A6%AC%ED%8F%AC%ED%8A

%B8

양선희. 2020. "유튜브 저널리즘의 시대, 전통적 저널리즘의 대응·현황과 과제." 『사회 과학연구』 31(1). 245-262.

유승현·정영주. 2020. "뉴스 유통의 변동과 지상파 뉴스 콘텐츠의 대응전략에 대한 탐색적 연구." 『방송통신연구』 여름호. 68-109.

이내영. 2011. "한국사회 이념갈등의 원인: 국민들의 양극화인가, 정치엘리트들의 양 극화인가?" 『한국정당학회보』 10(2). 251-287.

이새미·유승의·안순재. 2020. "텍스트 마이닝을 활용한 매스 미디어와 소셜 미디어 의제 분석: '마스크 5부제'를 중심으로." 『한국콘텐츠학회논문지』 20(6). 460-469.

이소영. 2017. "한국 유권자의 정치적 태도에 대한 미디어 효과." 『21세기정치학회 보』 27(4). 1-29.

이원태·김종길·김희연. 2012. 『디지털 사회갈등의 새로운 양상과 사회통합의 정책 방향』 서울: 방송통신위원회.

임원혁·이창근·정세은·최동욱. 2019. 『한국의 여론양극화 양상과 기제에 관한 연 구』 세종: 한국개발연구원.

장승진. 2020. "보수적이지 않은 보수주의자와 진보적이지 않은 진보주의자: 이념성 향, 정책선호, 그리고 가치 정향." 『한국정당학회보』 19(1). 129-156.

장우영. 2018. "정보/미디어 선택과 편향 동원: 태극기집회를 사례로." 『한국정치학회 보』 52(5). 87-113.

전상현·이종혁. 2020. "뉴스는 '어떻게' 페이스북에서 유튜브로 가게 되었나?: 행위 자-연결망 이론 관점을 적용한 플랫폼 뉴스 보도의 의미 연결망 분석." 『방송 통신연구』 110-151.

정동준. 2017. "한국 정치공간의 시민과 대표 간 이념적 일치: 개념화와 측정." 『의정 연구』 23(2). 68-108.

정성욱·이준환. 2019. "SNS 사용자 특성과 확증 편향을 통한 자동화된 팩트체킹의 가능성: 정치인 관련 트윗 데이터를 중심으로." 『방송통신연구』 78-117.

정정주·김민정·박한우. 2019. "유튜브 상의 허위정보 소비 실태 및 확산 메커니즘 생태계 연구: 빅데이터 분석 및 모델링을 중심으로." 『사회과학 담론과 정책』

12(2), 105–138.

조미현. 2020. "'한일전 대 한중전'·'조국 대 윤석열'…여야 4·15 총선 프레임 싸움." 『한국경제』 4월 2일자.

한규섭·박주용·이덕재·이혜림. 2013. "트위터 팔로잉 관계에 대한 대표성과 양극화에 대한 논의 검증: 한국과 미국의 의회구성원들의 트위터 팔로워들 네트워크 비교 연구." 『사이버커뮤니케이션학보』 30(1), 295–336.

한혜경. 2011. "인터넷 공론장의 분할과 극화 완화기제: 허브 공간 이용과 보수·진보 공간 중복이용의 효과." 『지역과 커뮤니케이션』 15(2), 391–426.

황용석. 2017. "페이크 뉴스 현상과 인터넷 서비스 사업자 자율규제 방안." KISO 포럼: 페이크 뉴스와 인터넷. (2017. 3. 20).

Abramowitz, Alan I. 2010. *The Disappearing Center: Engaged Citizens, Polarization, and American Democracy.* New Haven: Yale University Press.

_____. 2013. *The Polarized Public?: Why American Government is so Dysfunctional.* Boston: Pearson.

Adorno, Theodore, Else Frenkel-Brunswik, Daniel J. Levinson, R. Nevitt Sanford. 1950. *The Authoritarian Personality.* New York: Harper.

Allcott, H., and Gentzkow, M. 2017. "Social media and fake news in the 2016 election." *Journal of economic perspectives.* 31(2), 211-36.

Axelrod, Robert. 1969. "The Structure of Public Opinion on Policy Issues." In Calvin J. Larson and Philo C. Wasburn, eds., *Power, Participation, and Ideology.* New York: David McKay.

Bail, C. A., Lisa P. Argyle, Taylor W. Brown, John P. Bumpus, Haohan Chen, M. B. Fallin Hunzaker, Jaemin Lee, Marcus Mann, Friedolin Merhout, and Alexander Volfovsky. 2018. "Exposure to opposing views on social media can increase political polarization." *Proceedings of the National Academy of Sciences.* 115(37), 9216-9221.

Barberá, P. 2014. "How social media reduces mass political polarization. Evidence from Germany, Spain, and the U.S." Working Paper.

Beam, M. A., Hutchens, M. J., and Hmielowski, J. D. 2018. "Facebook news and (de) polarization: reinforcing spirals in the 2016 US election. Information." *Communication & Society.* 21(7), 940-958.

Benkler, Yochai. 2006. *The Wealth of Networks: How Social Production Transforms Markets and Freedom.* New Haven, CT: Yale University Press.

Bernhardt, D., Krasa, S., and Polborn, M. 2008. "Political polarization and the electoral effects of media bias." *Journal of Public Economics.* 92(5-6), 1092-1104.

Boxell, L., Gentzkow, M., and Shapiro, J. M. 2017. "Greater Internet use is not associated with faster growth in political polarization among US demographic groups." *Proceedings of the National Academy of Sciences.* 114(40), 10612-10617.

Bliuc, A. M., Smith, L. G., and Moynihan, T. 2020. "You wouldn't celebrate September 11": Testing online polarisation between opposing ideological camps on YouTube." *Group Processes & Intergroup Relations.* 23(6), 827-844.

Cho, J., Ahmed, S., Hilbert, M., Liu, B., and Luu, J. 2020. "Do Search Algorithms Endanger Democracy? An Experimental Investigation of Algorithm Effects on Political Polarization." *Journal of Broadcasting & Electronic Media.* 1-23.

Chong, Dennis, and James N. Druckman. 2007. "Framing Public Opinion in Comparative Democracies." *American Political Science Review.* 101(4), 637-655.

Converse, Philip E. 1964. "The Nature of Belief Systems in Mass Publics." In David E. Apter, ed., *Ideology and Discontent.* London: Free Press of Glencoe.

Cota, Wesley, Silvio Ferreira, Romualdo Pastor-Satorras, and Michele Starnini. 2019. "Quantifying echo chamber effects in information spreading over political communication networks." *EPJ Data Science.* 8, 35.

Druckman, James N. 2004. "Political Preference Formation: Competition, Deliberation, and the (Ir)relevance of Framing Effects." *American Political Science Review.* 98(4), 671-686.

Dylko, I., Dolgov, I., Hoffman, W., Eckhart, N., Molina, M., and Aaziz, O. 2018. "Impact of customizability technology on political polarization." *Journal of*

Information Technology & Politics. 15(1), 19-33.

Fiorina, M. P., and Abrams, S. J. 2008. "Political polarization in the American public." *Annual Review of Political Science.* 11, 563-588.

Fiorina, Morris P., Samuel J. Abrams, and Jeremy C. Pope. 2006. "Culture War? The Myth of a Polarized America: Second Edition." New York: Pearson Longman.

_____. 2008. "Polarization in the American Public: Misconceptions and Misreadings." *The Journal of Politics.* 70(2), 556-560.

Goel, Sharad, Jake M. Hofman, and M. Irmak Sirer. 2012. "Who Does What on the Web: A LargeScale Study of Browsing Behavior." Proceedings of the Sixth International AAAI Conference on Weblogs and Social Media. 1-8. ACM.

Han, M. M. C., Kim, Y. S., and Lee, C. K. 2017. "Analysis of News Regarding New Southeastern Airport Using Text Mining Techniques." *Smart media journal.* 6(1), 47-53.

Hansen, Kasper M. 2007. "The Sophisticated Public: The Effect of Competing Frames on Public Opinion." *Scandinavian Political Studies.* 30(3), 377-396.

Hart, W., Albarracín, D., Eagly, A. H., Brechan, I., Lindberg, M. J., and Merrill, L. 2009. "Feeling validated versus being correct: a meta-analysis of selective exposure to information." *Psychological bulletin.* 135(4), 555.

Hosanagar, Kartik, Daniel Fleder, Dokyun Lee, and Andreas Buja. 2013. "Will the Global Village Fracture into Tribes? Recommender Systems and Their Effects on Consumer Fragmentation." *Management Science.* 60, 805-823.

Klingemann, Hans-Dieter. 1979. "Measuring Ideological Conceptualization." In Samuel Barnes and Max Kasse et al. Political Action. Sage.

Knobloch-Westerwick, S., Johnson, B. K., and Westerwick, A. 2014. "Confirmation bias in online searches: Impacts of selective exposure before an election on political attitude strength and shifts." *Journal of Computer-Mediated Communication.* 2(20), 171-187.

Lee, C., Shin, J., and Hong, A. 2018. "Does social media use really make people politically polarized? Direct and indirect effects of social media use on political polarization in South Korea." *Telematics and Informatics.* 35(1), 245-254.

Luttbeg, Norman R. 1969. "The Structure of Beliefs Among Leaders and the Public." *Public Opinion Quarterly.* 32, 398-409.

Marcus, George E., David Tabb, and John L. Sullivan. 1974. "the Application of Individual Differences Scaling to Measurement of Political Ideologies." *Journal of Political Science.* 18(2), 405-420.

Nickerson, R. S. 1998. "Confirmation bias: A ubiquitous phenomenon in many guises." *Review of general psychology.* 2(2), 175-220.

Obendorf, H., Weinreich, H., Herder, E., and Mayer, M. 2007. "Web page revisitation revisited: implications of a long-term click-stream study of browser usage." In Proceedings of *the SIGCHI conference on Human factors in computing systems* (pp.597-606).

Pariser, E. 2011. *The filter bubble: What the Internet is hiding from you.* Penguin UK.

Stroud, N. J. 2010. "Polarization and partisan selective exposure." *Journal of Communication.* 60, 556-576.

Sunstein, Cass R. 2009. *Going to Extremes: How Like Minds Unite and Divide.* Oxford: Oxford University Press.

Tacchini, E., Ballarin, G., Della Vedova, M. L., Moret, S., and de Alfaro, L. 2017. "Some like it hoax: Automated fake news detection in social networks." arXiv preprint arXiv:1704.07506.

Tajfel, H., and J. C. Turner. 1986. "The Social Identity Theory of Intergroup Behavior." In. WORSHEL, S. and AUSTIN, W(eds.). *The Psychology of Intergroup Relations.* Chicago: Nelson-Hall.

Tufekci, Z. 2018. "YouTube, the great radicalizer." The New York Times, 10, 2018.

Wu, S., Hofman, J. M., Mason, W. A., and Watts, D. J. 2011. "Who says what to whom on Twitter." Paper presented at ACM, Hyderabad, India.

텍스트 스케일링을 통해서 본 한국 뉴스 미디어의 이념적 위치: '검찰' 관련 사안을 중심으로

박지영

성신여자대학교 정치외교학과

이 글은 『한국정치연구』 제29집 3호(2020)에 수록된 것을 수정·보완한 것이다.

1. 서론

뉴스 미디어 수의 급증과 정보통신기술의 발달로 인한 뉴스 소비 채널의 다양화는 뉴스 이용자에게 뉴스 미디어에 대한 선택의 폭을 넓혀 주었지만 뉴스 공급자 간의 경쟁을 크게 증가시켰다. 기존 연구에 따르면, 뉴스 이용자가 특정 뉴스 미디어를 선택하는 데 중요한 기준이 되는 것이 바로 뉴스 콘텐츠인데 이는 뉴스 미디어의 정치이념 성향과도 깊은 관련이 있다(Mullainathan and Shleifer 2005; Gentzkow and Shapiro 2010). 이 때문에 뉴스 미디어는 사회적 현안이나 사안에 대해 객관적이고 공정하게 보도하기 보다는 '게이트키핑'(gatekeeping) 과정을 통해 정치이념 성향에 따라 특정 이슈를 선별적으로 선택하고 배제하며 강조와 해석 등을 하면서 뉴스 이용자에게 정보를 전달하게 되는 것이다(Entman 1993; Gitlin 1980; Tuchman 1978).

이처럼 뉴스 미디어가 특정 사안에 대해 자의적으로 관련 정보를 선택하거나 생략하고 여러 정보 출처에 대한 신뢰도를 다르게 부여함으로써 동일한 사건에 대해 완전히 다른 내용의 보도를 하는 것 또는 한 쪽 입장의 정보만을 사용하여 보도하는 것을 미디어 편향(media bias)이라고 정의하는데, 이는 일반 대중으로 하여금 선택적 노출(Stroud 2007)과 양극화(Iyengar et al. 2019)를 야기하기도 한다. 특히, 정파적 뉴스 미디어에 대한 일반 대중의 선택적 노출은 다양한 정치적 효과를 초래하며 선거결과에도 중요한 영향을 미칠 수 있다. 선거는 일반 대중의 정치에 대한 관심을 증가시키고 정치적 판단에 필요한 다양한 정치정보를 제공하지만 뉴스미디어에서 접한 정보나 메시지로 인해 이전에 가지고 있던 생각을 바꾸거나 지지후보 혹은 지지정당을 변경하기도 하고, 이전에 가지고 있던 생각 혹은 특정 후보나 정당을 지지하는 생각이나 태도가 더 강화되기도 한다는 사실을 상기할 때, 선택적 뉴스 이용으로 인한 정치적 양극화가 선거결과에 어떠한 영향을 미치는지를 분석하는 것은 중요한 함의를 지닌다.

그렇다면 최근 한국 사회에서 나타나고 있는 미디어 편향성은 얼마나 심각한가? 위와 같은 질문에 답하기 위하여 본 논문은 지난 1년간 한국 사회에서 검찰을 둘러싼 정치적 논란과 여론의 적대적 양극화 현상에 주목하여 검찰을 다루는 언론의 편향성을 밝히고자 한다. 본 논문의 구성은 다음과 같다. 제2장에서는 미디어 편향성의 영향에 대한 기존 문헌을 알아보고, 제3장에서는 한국의 주요 일간지에서 '검찰'을 둘러싸고 드러난 미디어 편향의 심각성에 대하여 고찰한다. 마지막으로 결론에서는 본 연구결과를 요약하고 본 연구의 정치학적 함의를 제시한다.

2. '미디어 편향성'과 정파적 미디어

일반적으로 미디어는 현실을 있는 그대로 객관적 시각에서 전달하기 위해 노력하지만 모든 사안에 대해 동등한 가치를 부여하지 않고 상황에 따라 다른 가치를 부여한다(Entman 2010). 특정 사안에 대한 미디어의 지각은 다양한 요인으로부터 영향을 받는데, 기자들은 개인의 가치나 철학은 물론, 미디어 조직의 문화와 관행, 정치·경제 권력 등과 같은 외부 압력, 그리고 거시적으로는 이념적 가치에 따라 같은 문제를 전혀 다르게 해석하고 평가한다(Bennett 2007; Shoemaker and Reese 1996). 특히, 미디어가 지니는 이념성은 정치, 경제, 사회 이슈에 대한 관점을 제시하고, 해석하는 데 있어 편향적 시각을 갖도록 하는 요인으로 작용한다(Gentzkow and Shapiro 2013). 여기에서 이념(ideology)은 근본적으로 미디어가 뉴스를 생산하는 과정에서 의식적 또는 무의식적으로 반영하는 인식(Shoemaker and Reese 1996)으로 특정 사안에 대해 보수 성향의 미디어는 보수적인 입장에서 보도하고 진보 성향의 미디어는 진보적인 입장에서 보도하는 것과 같다(박재영·노성종 2009). 뉴스는 정치, 경제, 사회적 요인에 따라 서로 다른 신념, 인식, 가치가 반영되며, 이 과정에서 객관적인 사실에 대한 변형과 차별이 수반될 수밖에 없는 것이다. 따라서, 미디어에서 제시된 사실은 진짜 세계가 아닌 한쪽으로 편향되어 있거나 또는 일정한 이념적 판단을 거쳐 만들어진 세계이며, 미디어가 만들어 낸 뉴스는 그 자체가 이미 어떤 대상에 대한 이념적 편향성을 내포한다고 할 수 있다.

미디어 편향의 발생원인에 대한 기존 연구를 공급자 측면과 수요자 측면으로 나누어 살펴보면, 우선 공급자 측면에서 미디어 편향성은 기사를 작성하는 기자 자신의 성격, 배경, 경험, 가치관, 신념, 역할, 정치적 태도, 이념 등의 내적 요인(Baron 2006)에서 기인할 수 있다. 다음으로 미디어 조직의 형태나 미디어의 정치성향(Anderson and McLaren 2010; Djankov et al. 2003; Shoemaker and Reese 1996)도 영향을 미치는데 특히 슈메이커와 리즈(Shoemaker and Reese 1996)는 뉴스에 영향을 미치는 요인으로 미디어 조직의 제작 관행과 뉴스 미디어의 정치, 경제, 사회 문화적 가치 등을 지적하였다. 마지막으로 언론 간의 경쟁, 광고주의 영향, 정부의 규제와 간섭, 이익집단과 엘리트집단의 압력, 사회 문화 규범과 도덕적 가치 등이 뉴스 편향성에 영향을 미칠 수 있는 외부적 요인으로 작용한다. 특히, 정부 관련 사건이나 정치 관련 이슈를 다루는 보도에서는 정치적 압력이 뉴스의 선택과 취재에 영향을 줄 수 있는데, 정치적 압력과 각 뉴스 미디어의 정치적 입장이 어떻게 연관되는가에 따라 기사의 논조가 다르게 나타날 수 있다(Besley and Prat 2006; 손승혜 외 2014; Ellman and Germano 2008; 최인호 외 2011).

한편, 수요자 중심의 미디어 편향 연구에 따르면 특정 사실에 대해 편향된 신념을 갖고 있는 뉴스 소비자들은 자신의 믿음과 일치하는 기사를 읽고 싶어하기 때문에 미디어는 그러한 소비자들의 믿음에 부응하거나(Mullainathan and Shleifer 2005) 미디어가 제공하는 뉴스의 품질이 우수하다는 것을 알리려는 목적으로 수용자가 갖고 있는 기존의 믿음에 부합하는 뉴스를 중점적으로 보도하는 경향이 있다고 한다(Gentzkow and Shapiro 2006). 다른 연구에서는 비록 미디어가 실제적 진실을 알고 있다고 하더라도 보도 방법의 기술적 제약때문에 조악한 정보가 주로 보도되어 그 결과 미디어 편향이 발생한다고 주장한다(Chan and Suen 2008). 한편 뮬라나단과 슐라이퍼(Mullainathan and Shleifer 2005)의 연구에 따르면 미디어 소비자들이 이질적인 정치성향을 가지고 있을 경우, 미디어 매체들은 시장점유율 확대에 치중하는 것보다 편향적인 보도를 통해 다른 매체와의 차별화를 추구하는 편이 경제적 이득이 높기에 미디어 소비자들의 정치성향보다 1.5배 정도 더욱 극단적인 성향을 보인다고 한다. 겐츠코우와 샤피로(Gentzkow and Shapiro 2010) 역시 미디어 편향성의 수요측면을 강조하면서 신문판매 지역 소비자들의 정치성향이 신문의 편향성을 결정하는 주요요인임을 발견하였다.

이와 같은 미디어 편향에 대한 이론적 연구를 뒷받침하기 위해 무엇보다 중요한 것은 미디어의 정치이념적 위치를 실증적으로 추정하는 것이라고 할 수 있다. 지금까지 많은 연구에서는 미디어 편향을 분석하기 위해 다양한 접근방법이 사용되었는데, 그 중 대표적인 방식은 내용분석(content analysis)을 통해 특정 정치적 사안에 대한 언론매체별 기사 건수와 유형별 기사 건수와 유형별 분포를 살피는 방식이다. 예를 들어, 특정 사안과 관련된 모든 기사의 표제와 본문을 읽으면서 긍정과 부정의 용어를 분류하고 합산해 지배적인 의미에 대한 결론을 내리거나 신문사설에서 공식적으로 특정 후보자나 정당을 지지하는 내용을 분석하기도 한다(Ansolabehere et al. 2006; Kahn and Kenney 2002; Puglisi and Snyder 2015). 또한 대법원이나 의회와 같은 정치기관의 결정에 대하여 뉴스 미디어의 찬반 입장을 문항반응이론(Item Response Theory)을 적용하여 분석하기도 하고(Ho and Quinn 2008), 뉴스 미디어에서 주로 인용되는 취재원이나 싱크탱크의 이념성향과 빈도수를 비교 분석하여 해당 미디어의 편향성 지수를 산출(Groseclose and Milyo 2005)하기도 한다. 이 밖에 설문조사를 사용하여 미디어의 이념적 위치를 찾는 방법도 많이 사용되고 있다.

그러나 미디어 편향성을 연구하는 기존의 방법들은 연구자가 직접 기사를 분석하고 판단하기 때문에 미묘한 표현을 다루는 데 있어 상대적으로 정확한 결과를 도출할 수는 있지만, 방대한 양의 데이터를 분석하기 위해서는 상당한 시간, 노력, 비용이 필요할 뿐만 아니라 내용분석을 하는 데 있어 연구자의 주관적 가치와 이념 등을 배제하기 어렵다는 단점이 있다. 최근 연구에서는 이러한 단점들을 극복하기 위해 텍스트 스케일링(text scaling) 기법을 활용하여 미디어나 정치행위자의 이념적 위치를 직접 추정하는 통계모형들을 사용하고 있다. 텍스트 스케일링 기법은 이념적 위치에 따라 단어의 상대적 언급빈도가 달라진다는 핵심가정에 기반을 두기 때문에 다양한 단어의 언급횟수를 기반으로 하여 상대적인 이념적 위치를 추정한다(Laver et al. 2003; Slapin and Proksch 2008; Lowe 2016). 이러한 텍스트 스케일링 기반의 통계모형의 특징은 텍스트를 이해하거나 해석의 대상이 아닌 '데이터'로서 다룬다는 점이다. 즉, 개별 단어가 전달하는 의미에 구애되지 않고, 해당 단어들이 언급된 상대적 빈도를 활용하여 문서의 이념적 위치를 추정한다고 할 수 있다. 따라서 문서에 나타난 단어의 상대적인 빈도수만을 데이터로 사용하기 때문에 연구자의 주관적 판단을 배제한 채 뉴스 미디어의 이념을 추정할 수 있다는 장점이 있다(조진희 2019).

이러한 텍스트 스케일링 기법은 한국정치 분석을 위해서는 거의 사용되지 않았지만 다양한 국가들의 미디어 분석을 위해 사용되어 왔다. 예를 들어, 겐츠코우와 샤피로(Gentzkow and Shapiro 2010)는 2005년 미국 의회 의사록에서 민주당 의원 또는 공화당 의원이 사용한 구절과 유사한 구절을 각 신문사가 얼마나 사용하였는지를 비교한 뒤 각 신문사의 이념적 위치를 측정하였고, 위안(Yuan 2016)은 중국 신문사들의 미디어 편향을 살펴보기 위해 18차 전당대회에 대한 21개 신문사의 기사에 사용된 단어 빈도수로 계층적 군집분석(hierarchical clustering)을 하였다. 가장 최근의 연구로는 카네코 외(Kaneko et al. 2020)가 텍스트 스케일링 방법과 토픽 모델링을 이용하여 여러 가지 쟁점에 대한 10개 일본 신문사의 이념적 최적점(ideal points)을 측정하였다. 이와 같이 텍스트 스케일링 방법이 다수의 신문이나 매체를 비교분석하는 데 사용되는 이유는 다른 분석 방법에 비해 연구자의 자의성이 개입될 여지가 거의 없고 텍스트를 소프트웨어를 통해 바로 읽어 들인 후 전 과정을 자동화하여 처리하게 되므로 같은 데이터로부터 항상 같은 결과를 얻을 수 있고, 무엇보다 문서의 양이 많은 경우에도 신속한 분석이 가능하다는 강점을 지녔기 때문이다.

3. '검찰' 관련 기사를 통해 나타난 미디어의 정파적 특성

본 연구는 최근 한국 사회에서 검찰개혁을 둘러싼 양극화된 정치적 갈등과 검찰 관련 뉴스를 다루는 미디어 편향성에 주목한다. 미디어의 편향성은 특정 사안을 바라보는 언론매체의 관점 차이를 반영하며, 이는 뉴스의 논조나 사용되는 단어의 차이를 통해 분명하게 드러난다(Gentzkow and Shapiro 2010; Groseclose and Milyo 2005; Mullainathan and Shleifer 2005). 지난 1년간 '검찰' 보도와 관련한 주요 일간지의 사설에서도 언론매체에 따라 서로 다른 논조를 확인할 수 있다. 2019년 7월 16일 윤석열 검찰총장이 취임한 이후 검찰개혁에 대한 논의는 정치권에서 본격적으로 시작되었다. 당시 조국 법무부 장관 후보자의 인사청문회, 조국 장관 임명, 조국 장관 일가에 대한 검찰 수사 및 정경심 교수 기소와 같은 일련의 사건을 거치고 조국 장관이 임명 35일만에 전격 사퇴를 하는 과정에서 '검찰개혁'에 대한 논의는 한국사회에서 보수와 진보를 가르는 첨예한 이슈로 대두되었다. 이후 후임 추미애 법무부 장관과 윤석열 검찰총장 간의 정치적 대립, 공수처법 및 검경수사권조정법 통과, 검찰개혁권고안 등 일련의 검찰 관련 사안들에 대해 정파적 미디어 간 상반된 시각차를 보여 주고 있다.

〈표 1〉은 2020년 7월 27일 검찰개혁 권고안이 발표된 이후 한국 주요 일간지 사설에서 드러난 상반된 시각을 보여 준다. 2020년 7월 27일 법무부 산하 검찰개혁위원회는 검찰개혁 권고안을 발표하였는데, 권고안의 주요 내용을 살펴보면 검찰총장의 수사지휘권 폐지, 법무부 장관의 검찰 인사 시 총장이 아닌 '인사위원회'의 의견 청취 등에 관한 것이었다. 이러한 검찰개혁 권고안에 대하여 당시 뉴스매체들은 검찰총장에게 집중된 권한 분산이 필요하다는 견해부터 검찰총장을 사실상 허수아비로 만드는 행위라는 주장까지 제기하며 극단적으로 양극화된 미디어 편향을 보여 주고 있다. 〈표 1〉에서 볼 때 한겨레와 경향신문은 검찰개혁 권고안에 대해 다소 소극적인 자세로 보도하고 있고, 한국일보, 서울신문, 세계일보는 양비론적 입장을 취하고 있다. 반면, 문화일보, 국민일보, 중앙일보, 동아일보, 조선일보는 직접적으로 정부와 검찰개혁 권고안을 강하게 비판하는 논조의 사설을 싣고 있다. 이는 '검찰개혁 권고안'이라는 동일한 정치적 사안에 대하여 정치 성향 및 이해관계 등에 따라 개별 뉴스 미디어가 상이한 프레임을 적용하여 해석하는 한국 미디어 환경의 정파적 특성을 보여 준다.

일반적으로 뉴스 미디어의 편향성은 주로 선거, 정치, 기업, 환경, 개

〈표 1〉 '검찰개혁권고안' 관련 주요 일간지의 신문사설 제목

신문사	사설 제목
한겨레	검찰총장 권한 분산, 방향 맞지만 독립성 훼손 없어야 (2020.07.28)
경향신문	검찰총장의 수사지휘권 폐지하라는 법무·검찰개혁위 권고 (2020.07.27)
한국일보	검찰총장 권한 축소 필요하나 정치적 오해 없도록 (2020.07.28)
서울신문	검찰총장 지휘권 폐지안, '검찰 길들이기'로 오해 산다 (2020.07.29)
세계일보	친여 시민단체마저 우려하는 '검찰총장 힘빼기' 행태 (2020.07.29)
문화일보	급기야 '검찰의 정치 예속' 제도화 나선 文정권 暴政 (2020.07.28)
국민일보	검찰개혁위 권고안, 허수아비 검찰총장 만들 셈인가 (2020.07.28)
중앙일보	조국 수호 세력이 만든 건 검찰 개혁안인가, 장악안인가 (2020.07.29)
동아일보	검찰총장 수사지휘권 폐지… 檢의 권력 예속화 부를 퇴행 (2020.07.28)
조선일보	검찰을 대통령 사냥개로 되돌리려는 '개혁안' (2020.07.29)

발, 안보 등과 같은 이슈에 집중되어 나타나는데, 보수성향의 미디어들은 애국주의, 개인주의, 사회적 질서, 국가적 리더십 등을 주요 보도 가치로 삼는 반면, 진보 성향의 미디어들은 책임 있는 자본주의, 빈부격차 해소, 개방적 태도 등과 같은 자유주의적 가치 편향을 드러내는 경향이 있다 (Mayer 2008). 한국 사례를 분석한 최선규 외(2012)의 연구에서는 취재원 인용도에 따른 미디어 편향성에 대해 총 12개 언론매체들을 다양한 이슈별로 분석한 결과 한국의 미디어들은 평균적으로 보수적인 성향을 보임에도 불구하고 정치적 스펙트럼은 상대적으로 다양하다는 결론을 내리고 있다. 이완수와 배재영(2015)은 세월호 사고의 원인과 책임에 대한 〈조선일보〉와 〈한겨레〉간의 보도를 비교하면서 보수 신문인 〈조선일보〉는 사고 원인을 개인 중심적 관점에서 기술하는 것과 달리 진보 신문인 〈한겨레〉는 상황 중심적 관점으로 기술한다는 점을 규명하였다. 또한 세월호 사고 책임과 관련해서 〈조선일보〉는 개인에 귀인하는 방식을 선택한 반면 〈한겨레〉는 개인과 사회를 상호작용적으로 연결하여 보도하는

경향이 있다고 한다. 김왕근(2014) 역시 세월호 사고 보도와 관련해 진보 미디어가 '문제 제기'에 좀 더 치중한 반면 보수 미디어는 '문제 해결'에 더욱 비중을 두었다고 분석하였다.

최근 한국 사회의 심각한 정치 양극화의 이면에는 이처럼 정치이념 성향에 있어 대립적 경쟁 관계에 있는 뉴스 미디어들이 정치적 분열을 가중시키는 갈등기제로 작용하고 있다. 미디어 편향을 미디어의 공급적 측면에서 본다면 종합편성채널과 같은 미디어 매체 수의 증가와 뉴스 구독자 감소로 격화된 뉴스미디어 간의 경쟁이 미디어 편향의 심화요인 중의 하나의 원인이 될 수 있다. 반면 미디어의 수요적 측면에서 분석하면 정파적 미디어 환경에서 뉴스 이용자는 점점 자신의 정치적 성향이나 신념과 비슷한 뉴스미디어 채널 혹은 콘텐츠를 선호하는 경향을 보이고 있으며 자신의 성향과 반대되는 정치정보나 미디어 선택은 회피하여 미디어의 선택적 노출(selective exposure) 현상이 증가됨에 따라 뉴스미디어가 건전한 공론장의 역할이 아니라 오히려 사회의 양극화를 부추기는 역할을 하고 있다는 설명이 가능하다.

따라서 본 연구의 경험적 연구를 위해 최근 한국 사회의 가장 현저한 이슈 중의 하나인 검찰개혁과 관련된 신문 사설을 대상으로 주요 일간지에 대한 이념적 편향성에 대해 체계적으로 분석하였다. 이를 위하여 윤석열 총장이 임명된 2019년 7월16일부터 2020년 8월15일까지 총 1년 동안 국내 주요 일간지 10개사의 검찰 관련 사설을 텍스트 스케일링 기법인 워드피시(wordfish) 모형을 사용하여 추정하였다.

4. 데이터 및 연구방법

본 연구에서 사용한 워드피시 모형은 텍스트 스케일링 기법 중의 하나로서 주요 일간지의 사설에서 사용된 단어들의 상대적 빈도를 활용하여 각 신문사의 이념적 위치를 측정하기 위하여 사용되었다. 워드피시 모형의 핵심적인 가정은 개별 신문사의 정치이념 성향에 따라 특정 단어를 얼마나 자주 사용하는지 혹은 얼마나 드물게 사용하는지가 달라진다는 것이다. 워드피시 모형에서는 주어진 〈좌—우〉 정치 이념 스펙트럼상에서 단어들의 상대적인 빈도를 체계적으로 비교하여 개별 언론사의 정치이념적 위치를 추정한다. 주요 일간지의 이념적 편향성을 비교하기 위하여 본 연구에서는 2019년 7월 16일부터 2020년 8월 15일까지 빅카인즈(BIG KINDS)에서 주요 일간지 10개사인 경향신문, 국민일보, 동아일보, 문화일보, 서울신문, 세계일보, 조선일보, 중앙일보, 한겨레, 한국일보에 실었던 '검찰' 관련 사설 총 1,870개를 수집하여 분석하였다.[1]

개별 신문사의 이념적 위치를 측정하기 위해 사설을 분석 대상으로 선택한 이유는 사설은 신문사 내부 필진이 작성한 의견으로 특정사안에 대한 신문사의 견해로 간주할 수 있어 해당 신문사의 이념과 선호 체계를 담은 하나의 선택된 프레임으로 볼 수 있기 때문이다.

우선 주요 일간지의 사설을 데이터로 변환하기 위해 다음과 같은 과정을 거쳤다. 수집한 사설은 파이썬(python)을 사용하여 전처리(pre-processing)를 하였는데, 전처리에서는 KoNlpy 모듈을 이용하여 한글

---

1. 2019년 7월 16일부터 2020년 8월 15일까지 주요 일간지별 '검찰' 관련 사설 수를 살펴보면, 경향신문(174개), 국민일보(199개), 동아일보(145개), 문화일보(200개), 서울신문(160개), 세계일보(182개), 조선일보(273개), 중앙일보(157개), 한겨레(201개), 한국일보(179개)이다.

형태소 분석하여 명사를 추출하고 숫자, 문장부호, 불용어를 제거하였다. 분석을 위해 신문 사설 단어의 빈도를 분석하여 순위를 확인하였다. 전처리 과정을 거친 후, 10개 신문사의 사설 1,870개에 대해 총 9,500개의 단어를 추출하여 워드피시 모형을 사용하여 사용된 단어들에 가중치를 부여하고 빈도를 구해 주요일간지의 이념적 위치를 측정하였다. 데이터 처리 과정에 대한 요약은 〈그림 1〉에서와 같다.

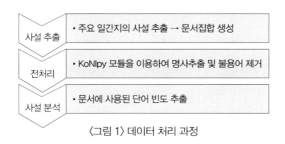

〈그림 1〉 데이터 처리 과정

이 논문에서 추정하는 텍스트 분석모형은 다음과 같다. 신문사 i의 사설에서 단어 j가 언급되는 횟수를 w_{ij}라고 하고 이것의 평균 μ_{ij}는 푸아송 (Poisson) 분포를 따른다. 여기서 μ_{ij}는 신문사 i의 이념적 위치인 ψ_i의 함수로 다음과 같이 나타낼 수 있다.

$$w_{ij} \sim Poisson(\mu_{ij}).$$
$$\mu_{ij} = \exp(v_i + \lambda_j + k_j \psi_i)$$

즉, 어떤 단어가 언급되는 빈도수는 그 신문사의 이념적 위치에 따라 높을 수도 있고 낮을 수도 있다. 신문사 i의 이념적 위치인 ψ_i 이외에도 다른 3개의 매개변수가 추정되는데, 먼저 v_i는 신문사 고정효과, λ_j는 단어 고정효과, 그리고 ψ_j는 단어 j가 신문사의 이념적 위치를 차별화하는 정도를 나타낸다. 예를 들어, 신문사 i의 사설의 길이가 다른 신문사의 사설에 비해 길다면 v_i가 상대적으로 큰 값을 가지게 되고, 단어 j가 신문사의 이념적 위치에 상관없이 자주 쓰이는 단어라면 λ_j의 값은 커지게 된다. 마지막으로 매개변수 k_j는 신문사의 이념적 위치 ψ_i가 한 단위 증가할 때에 단어 j의 언급 빈도수의 증가율을 나타내기 때문에, 신문사 간 언급횟수에 큰 차이가 없는 단어라면 0에 가까운 값을 갖게 된다. 이념적 위치가 보수일수록 더욱 빈번한 언급횟수를 보이는 단어라면 k_j가 양의 값을 갖게 되고, 반대로 진보일수록 더 자주 사용되는 단어라면 음의 값을 갖게 될 것이다. 그리고 이념적 위치에 따라 언급횟수가 민감하게 변하는 단어일수록 k_j의 절대값은 커지게 된다. 이 매개변수들은 최대가능도에 기반한 방법(maximum likelihood-based methods)을 사용하여 측정되며 (Slapin and Proksh 2008), 모형의 식별(identification)을 위해 ψ_i의 평균값은 0, 표준편차는 1로 놓았다.

5. 주요 일간지의 이념적 편향성 비교

단일 차원에서 분석하는 워드피쉬 모형은 신문사들의 이념적 위치를 일직선상에 나열하여 그 상대적인 위치를 추정하게 해주지만 검찰 관련 사안에서 그러한 비교가 이루어지는지를 알기 위해서는 신문사들의 위치를 차별화하는 주요 단어의 내용을 살펴보아야 한다. 워드피쉬 모형의 장점 중 하나는 바로 어떤 단어들이 신문사의 이념 위치를 결정하는 데에 상대적으로 더 중요한 역할을 하였는지를 직접 추정할 수 있다는 것이다. 앞에서 설명하였듯이, k_j의 절대값이 큰 단어라면 이념적 위치에 따라 그 단어의 사용횟수가 크게 변하게 되는 것이다. 따라서 어떤 단어들이 신문사의 위치를 차별화하는지를 살펴보면 각 신문사의 사설을 비교하는 데 중요한 정보가 될 수 있다. 〈표 2〉은 지난 1년간 신문사 사설 내에서 등장한 단어들의 빈도 분석에서 10개 신문사가 '검찰' 관련 사안을 다룰 때 자주 등장하는 공통단어 10개를 추출한 것이다.

먼저 '검찰개혁'이라는 단어는 평균적으로 59.6회 사용되었고 다른 단어들에 비해 경향신문(129회), 한겨레(128회)와 같은 진보성향의 신문들이 빈번하게 사용한 반면, 조선일보(3회), 중앙일보(9회)는 거의 사용하지 않았다. 또한, '대통령'(평균 317.1회), '문재인'(평균 92회), '청와대'(평균 264.9회)와 같은 단어들은 조선일보가 각각 893회, 154회, 555회 사용하였고, 중앙일보의 경우에는 각각 357회, 115회, 313회 사용하여 보수성향의 신문들이 빈번하게 사용하였음을 알 수 있다. 한편, '법무부'라는 단어는 평균 209.5회 사용되었는데 거의 모든 신문사에서 빈번하게 사용되었다. 흥미로운 것은 언급하는 주요 단어 자체가 크게 다르지 않은 경우에도 검찰에 대한 시각은 이념에 따라 크게 달라진다는 점이다. 예를 들어, 진보성향의 신문사와 보수성향의 신문사가 '법무부'를 자주 언급하였지만 그 맥락은 크게 다르며 이는 〈표 1〉에서 제시한 예를 통해서도 쉽게 알 수 있다. 즉, 두 집단 모두 '법무부'와 같은 단어를 주로 사용하였지만 그 시각과 문제의식에는 큰 차이가 있다고 볼 수 있다.

다음으로 '검찰'에 대한 신문사들의 사설을 이용하여 워드피시 모형을 추정한 결과, 각 신문사의 이념적 위치는 〈그림 2〉와 같이 추정되었다. 〈그림 2〉에서 굵은 점들은 개별 신문사의 이념 위치에 대한 점 추정치(point estimates)이며 점 위의 가운데 선은 95퍼센트 신뢰구간을 보여 준다. Y축 맨 아래쪽에서부터 가장 진보적인 신문사인 경향신문으로 시작하여 가장 보수적인 신문사인 조선일보의 순서로 배열되었다. 가장

〈표 2〉 10개 공통 단어에 대한 주요 신문사별 빈도수

	검찰개혁	공수처	대통령	문재인	민주당	법무부	윤석열	청문회	청와대	한국당
경향일보	129	80	211	64	82	149	54	41	153	143
국민일보	11	60	265	64	87	282	88	55	258	90
동아일보	21	94	210	73	44	193	49	44	169	16
문화일보	16	59	335	115	63	211	121	32	218	12
서울신문	116	68	200	85	120	215	76	89	215	67
세계일보	131	86	280	91	160	221	85	54	343	91
조선일보	3	167	893	154	285	163	111	60	555	32
중앙일보	9	69	357	115	116	215	101	39	313	32
한겨레	128	57	156	79	116	225	100	105	169	48
한국일보	32	57	264	80	109	221	63	90	256	150

진보적인 신문으로 추정된 경향신문의 경우 "검찰의 정치행위, 도를 넘었다(2019.09.08)"[2], "검찰, 대통령의 개혁 지시 즉시 이행이 국민 뜻이다(2019.09.30)"[3], "한국당 공수처 반대, 제2의 패스트트랙 연대 필요하다(2019.10.17)"[4]와 같이 검찰 및 야당인 자유한국당에 대해 비판적인 논조의 사설들이 주를 이루고 있다. 반면 가장 보수적인 신문으로 추정된 조선일보의 경우에는 비슷한 시기의 사설에서 "대통령이 파렴치 장관 수사 방해, 이게 국정 농단 사법 농단(2019.09.28)"[5], "파렴치 조국 지지 집회는 '민심', 퇴진 집회는 '폭력'이라니(2019.10.05)"[6], "도둑이 "도둑 잡아라" 고

---

2. http://news.khan.co.kr/kh_news/khan_art_view.html?art_id=201909082036035

3. https://news.khan.co.kr/kh_news/khan_art_view.html?artid=201909302054035&code=990101

4. http://news.khan.co.kr/kh_news/khan_art_view.html?art_id=201910172046015

5. https://news.chosun.com/site/data/html_dir/2019/09/27/2019092703101.html

6. https://news.chosun.com/site/data/html_dir/2019/10/04/2019100403091.html

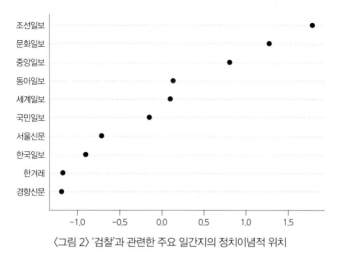

〈그림 2〉 '검찰'과 관련한 주요 일간지의 정치이념적 위치

함치는 文 정권 '검찰 개혁'(2019.10.02)"[7]과 같이 문재인 정부나 정부정책을 주로 비판하는 논조의 사설들을 싣고 있다.

〈그림 2〉의 결과는 '검찰' 관련 사안에 대한 신문사의 사설 분석을 통해 주요 일간지들 사이의 차별적인 이념적 성향이 분명하게 드러나고 있다는 점을 보여 주고 있다. 이러한 추정결과는 일반 대중이 통상적으로 인식하고 있는 신문사의 성향과 크게 다르지 않으나, 연구자의 주관적 가치나 선입견이 배제된 채 단어 빈도와 사설의 길이 등을 실증적으로 반영한 결과라는 점에서 그 의미를 찾아볼 수 있다. 적어도 검찰관련 논설의 경우에 국한할 때 조선일보나 중앙일보는 세계일보나 국민일보보다 더욱 보수적이고, 한국일보는 동아일보나 중앙일보보다는 진보적인 성향이었지만 한겨레나 경향신문보다는 더욱 보수적인 논조를 유지하고 있음이 드러났다.

7. https://news.chosun.com/site/data/html_dir/2019/10/01/2019100103149.html

이와 같이 개별 신문사의 사설은 해당 언론사의 이념적 위치를 차별적으로 반영하고 있으며 이러한 분석결과는 다음과 같은 두 가지 측면에서 중요한 의미를 지닌다. 첫째, 신문의 사설은 정보제공이나 사실 전달을 목적으로 하는 뉴스라기 보다는 신문사의 정체성 및 이념적 편향을 잘 드러내는 자료로 활용될 수 있다는 것을 의미한다. 둘째, 검찰 사안 관련하여 신문사의 이념적 위치를 차별화하는 단어들의 내용을 살펴보면 보수 성향의 단어는 주로 정부나 정부정책에 비판적인 단어들이 주를 이루고 있는 반면, 진보 성향의 단어는 주로 검찰개혁의 당위성이나 공수처 지지와 관련된 내용이 주를 이루고 있다. 〈그림 2〉를 통해 알 수 있듯이, '검찰' 사안에 대한 각 신문사의 위치는 통념과는 달리 상당히 다양하게 이념적으로 분화되어 있음을 확인할 수 있다. 이는 뉴스 미디어 수의 증가 및 경쟁 증가로 각 신문사는 공적 이슈에 대해 다른 신문사와의 편향적 차별화를 통해 정치이념적으로 다양한 위치 중 하나를 전략적으로 선택하여 집중한다는 것을 시사한다.

6. 결론

오늘날 한국사회의 양극화 현상은 갈수록 심화되고 있다. 소득의 양극화뿐만 아니라 주거, 교육, 소비, 의식 등 일반 대중들의 삶 전 영역에서 양극화 현상이 나타나고 있으며, 무엇보다도 정치 이념의 양극화는 진보와 보수 사이의 정치적 갈등으로 확산되고 격화되어 때로는 폭력적 양상으로 나타나기도 한다. 본 연구는 이러한 정치적 양극화의 원인의 하나로 미디어의 편향성에 주목하였다. 최근 한국 사회는 인터넷을 통한 뉴스 공급의 비중이 늘어나기 시작하면서 뉴스 미디어의 전반적인 영향력은 증대되었지만 과연 뉴스미디어가 사회적 현안이나 정치적 사안에 대해 얼마나 객관적이고 공정하게 보도하고 있는지에 대하여 많은 비판이 있어왔다. 뉴스미디어가 특정 사안에 대해 자의적으로 관련 정보를 선택하거나 생략하고 여러 정보 출처에 대한 신뢰도를 다르게 부여함으로써 동일한 사건에 대해 완전히 다른 내용의 보도를 하거나 한 쪽 입장의 정보만을 사용하여 보도하는 미디어의 편향적 보도는 대중의 정치사회 현안 인식에 커다란 영향을 미칠 수 있다.

따라서 본 연구는 최근 한국 사회에서 나타나고 있는 미디어 편향성이 얼마나 심각한지 실증적으로 규명하기 위해 주요 일간지 10개사의 '검찰' 관련 사설을 수집해 각 신문의 이념성을 보다 과학적인 기법을 사용하여 측정하였다. 개별 주요 일간지의 이념적 위치 측정을 위해 텍스트 스케일링 방법인 워드피쉬 모형을 사용한 결과 '검찰' 관련 사안에 대한 추정된 신문사의 이념적인 위치는 통념과는 달리 정치적 스펙트럼은 상대적으로 다양함이 드러났다. 또한 검찰 관련 사설을 분석한 결과 조선일보나 중앙일보는 세계일보나 국민일보보다 더욱 보수적이며, 한국일보는 동아일보나 중앙일보 보다는 진보적이지만 한겨레나 경향신문보다 보수적인 것으로 나타났다. 검찰 사안 관련하여 신문사의 이념적 위치를 차별화하는 단어들을 분석한 결과 보수성향의 단어는 주로 정부나 정부정책에 비판적인 단어들이 주를 이루고 있는 반면, 진보 성향의 단어는 주로 검찰개혁의 당위성이나 공수처 지지와 관련된 내용이 주를 이루고 있음을 발견하였다.

한국 사회의 심각한 양극화의 이면에는 이처럼 정치이념 성향에 있어 대립적 경쟁 관계에 있는 뉴스 미디어가 정치와 사회의 분열을 촉진시키는 갈등기제로 작용하여 건전한 공론장의 역할보다는 사회의 양극화를 강화하는 역할을 주도하는 것이 주된 원인으로 작용하고 있다고 할 수 있다. 본 연구결과는 미디어가 다양한 정치적 입장들 중에서 개별 사안과 이념적 성향에 맞는 정치적 입장을 전략적으로 선택하고 의제화함으로써 정치적 사건들을 특정한 방향으로 여론화할 수 있는 가능성을 시사하고 있다. 본 연구의 이러한 결과는 특정 매체가 지니는 보도 성향에 따라 해당 매체를 접하는 사회의 여론 또한 다르게 형성될 수 있음을 보여 주며 나아가 미디어에 의해 정치적 현실이 상이하게 구성될 수도 있음을 보여 주고 있다.

참고문헌

김왕근. 2014. 『세월호와 대한민국의 소통』 서울: 미래를 소유한 사람들.

박재영·노성종. 2009. "한국 언론사들의 정파성 지형." 2020 미디어위원회 저널리즘 실행위원회 2009 연구보고서. 서울: 한국언론진흥재단.

손승혜·이귀옥·이수연. 2014. "의료복지 기사의 주요 특성과 프레임 비교 분석: 김영삼 정부부터 이명박 정부까지 정권의 변화와 언론사의 이념적 성향에 따른 차이." 『한국언론학보』 58(1). 306-330.

이완수·배재영. 2015. "세월호 사고 뉴스 프레임의 비대칭적 편향성: 언론의 차별적 관점과 해석 방식." 『한국언론정보학보』 71(3). 247-298.

조진희. 2019. "정강정책으로 본 대한민국 정당 이념지도 1988-2003." 『의정논총』 14(1). 5-27.

최선규·유수정·양성은. 2012. "뉴스 시장의 경쟁과 미디어 편향성." 『정보통신정책연구』 19(2). 69-92.

Anderson, Simon P., and John McLaren. 2010. "Media Mergers and Media Bias with Rational Consumers." *CEPR Discussion Paper* No. DP7768.

Ansolabehere, Stephen, Rebecca Lessem, and James M. Snyder Jr. 2006. "The Orientation of Newspaper Endorsements in U.S. Elections, 1940-2002." *Quarterly Journal of Political Sience.* 1(4), 393-404.

Baron, David. 2006. "Persistent Media Bias." *Journal of Public Economics.* 90(1-2), 1-36.

Bennett, W. Lance. 2007. News: The politics of illusion (7th ed.). New York: Pearson.

Besley, Timothy, and Andrea Prat. 2006. "Handcuffs for the Grabbing Hand? Media Capture and Government Accountability." *American Economic Review.* 96(3), 720-736.

Chan, Jimmy, and Wing. Suen. 2008. "A Spatial Theory of News Consumption and Electoral Competition." *Review of Economic Studies.* 75(3), 699-728.

De Vreese, Claes H. 2002. *Framing Europe: Television News and European Integration*. Amsterdam: Aksant Academic Publishers.

Djankov, Simeon, Caralee McLiesh, Tatiana Nenova, and Andrei Shleifer. 2003. "Who Owns the Media?" *Journal of Law and Economics*. 46(2), 341-381.

Ellman, Matthew, and Fabrizio Germano. 2009. "What do the Papers Sell? A Model of Advertising and Media Bias." *The Economic Journal*. 119(537), 680-704.

Entman, Robert M. 1993. "Framing: Towards Clarification of a Fractured Paradigm." *Journal of Communication*. 43(4), 51-58.

Gentzkow, Matthew, and Jess M. Shapiro. 2006. "Media Bias and Reputation." *Journal of Political Economy*. 114(2), 280-316.

Gentzkow, Matthew, and Jesse M. Shapiro. 2010. "What Drives Media Slant? Evidence from U.S. Daily Newspapers." *Econometrica*. 78(1), 35-71.

Gitlin, Todd. 1980. *The Whole World is Watching: Mass Media in the Making & Unmaking of the New Left*. Berkeley: University of California Press.

Groseclose, Tim, and Jeffrey Milyo. 2005. "A Measure of Media Bias." *Quarterly Journal of Economics*. 120(4), 1191-1237.

Ho, Daniel E., and Kevin M. Quinn. 2008. "Measuring Explicit Political Positions of Media." *Quarterly Journal of Political Science*. 3(4), 353-377.

Iyengar, Shanto, Yphtach Lelkes, Matthew Levendusky, Neil Malhotra, and Sean J. Westwood. 2019. "The Origins and Consequences of Affective Polarization in the United States." *Annual Review of Political Science*. 22, 129-146.

Kahn, Kim Fridkin, and Patrick J. Kenney. 2002. "The Slant of the News: How Editorial Endorsements Influence Campaign Coverage and Citizens' Views of Candidates." *American Political Science Review*. 96(2), 381-394.

Kaneko, Tomoki, Taka-aki Asano, and Hirofumi Miwa. 2020. "Estimating Ideal Points of Newspapers from Editorial Texts." *The International Journal of Press/Politics*. OnlineFirst.

Laver, Michael, Kenneth Benoit, John Garry. 2003. "Extracting Policy Positions from Political Texts Using Words as Data." *American Political Science Review*. 97(2), 311-331.

Lippmann, Walter. 1922. *Public Opinion*. New Brunswick, London: Transaction Publishers.

Lowe, Will. 2016. "Scaling Things We Can Count." Unpublished. Princeton University.

Available at: http://dl.conjugateprior.org/preprints/scaling-things-we-can-count.pdf

Mayer, Richard. 2003. "The Promise of Multimedia Learning: Using the Same Instructional Designmethods across Different Media." *Learning and Instruction*. 13(2), 125-139.

Mullainathan, Sendhil, and Andrei Shleifer. 2005. "Market for News." *American Economic Review*. 95(4), 1031-1053.

Puglisi, Ricardo, and James M. Snyder Jr. 2015. "Empirical Studies of Media Bias." In Simon P. Anderson, Jeol Waldfogel and David Strömberg, eds. Handbook of Media Economics Vol.1, 648-667, Amsterdam: North Holland.

Slapin, Jonathan B., and Sven-Oliver Proksch. 2008. "A Scaling Model for Estimating Time-Series Party Positions from Texts." *American Journal of Political Science*. 52(3), 705-722.

Stroud, Natalie Jomini. 2007. "Media Effects, Selective Exposure, and Fahrenheit 9/11." *Political Communication*. 24(4), 415-432.

Shoemaker, Pamela, and Stephen D. Reese. 1996. *Mediating the Message: Theories of Influences on Mass Media Content* (2nd ed.). New York, NY: Longman.

Tuchman, Gaye. 1978. *Making News: A Study in the Construction of Reality*. New York: Free Press.

Yuan, Han. 2016. "Measuring Media Bias in China." *China Economic Review*. 38, 49-59.

제2부

초연결 지능정보사회와
스마트 거버넌스

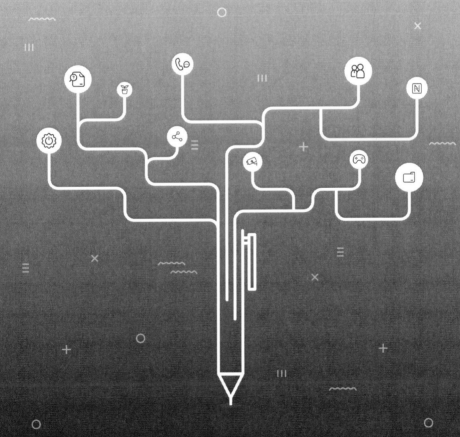

제5장

4차 산업혁명 시대와 미디어 환경의 변화

문신일

명지대 디지털미디어학과

1. 서론

정보통신기술(Information Communication Technology; ICT)의 혁신과 발달은 경제활동을 비롯한 사회 전 분야에 걸쳐 영향을 미치며 새로운 가치창출의 동인으로 작용하고 있다. 가장 대표적인 현상이 4차 산업혁명 시대의 도래라 할 수 있다. 실제로 2016년 다보스 포럼(World Economic Forum)에서 미래사회는 모든 것이 연결되는 지능정보사회로 진화할 것이라고 예측한 후 이에 대한 전망과 대응 전략이 학문과 더불어 사회 다양한 분야에서 논의되고 있다.

미디어 분야 역시 예외가 아니다. ICT의 급속한 발전은 디지털 컨버전스(Digital Convergence)와 네트워크 확장, 그리고 빅데이터(Big Data) 기반의 알고리즘 서비스(Algorithmic Services) 등 미디어의 산업구조에 있어 전반적인 변화와 새로운 가치창출 생태계로의 이동을 촉진하고 있다. 즉 미디어 환경 진화에 따라 좁게는 이용자들 간의 상호작용, 커뮤니케이션, 소비패턴의 변화가 촉진되었을 뿐만 아니라 넓게는 미디어 산업 간의 수직·수평적 결합 및 타 산업(의료, 관광, 금융 등)과의 융합을 통한 새로운 부가가치 창출의 생태계가 조성되고 있다.

본 장에서는 4차 산업혁명으로 빠르게 변화하고 있는 시대에 미디어 환경은 구체적으로 어떻게 재편되고 있는지, 미디어 생태계 변화는 사회 전반을 비롯한 산업·문화·정치·윤리 등 다양한 분야에 어떠한 영향을 미치는지 등을 종합적으로 분석 및 요약하고자 한다. 특히 커뮤니케이션 은 하나의 과정(process)으로 다양한 인간 활동 및 학문 등과 연결되는 개념이기에 뉴미디어 관련 핵심 개념 및 이론적 틀 등을 소개한 후 최근 미디어 환경변화의 동향과 향후 전망을 제시하고자 한다.

구체적으로 뉴미디어 패러다임 전환을 가져온 디지털 컨버전스와 네트워크 진화(web 1.0에서 web 3.0)를 4차 산업혁명과 연결하여 설명하고자 한다. 이와 함께, 알고리즘 관련한 최근 주요 논의 및 사안 등을 소개함으로써 4차 산업혁명 시대 및 새로운 미디어 환경 아래 어떠한 정치·윤리적 현안의 문제가 있는지를 논의하고자 한다. 끝으로 소셜 미디어(Social Media)의 확산에 따른 여러 나라들의 미디어 이용패턴 및 인식, 평가 등을 최근 '디지털 뉴스 리포트 2020'(Digital News Report 2020)을 통해 살펴보고자 한다.

끊임없이 변화 및 진화하고 있는 미디어 환경과 사회적 현상들을 일목요연하게 설명하는 것은 사실상 어려울 뿐더러 불가능하다고 본다. 그럼에도 불구하고 이에 대해 관심 있는 학부생·대학원생, 그리고 일반 독자들에게 좀 더 체계적이고 종합적으로 뉴미디어의 진화 방향성과 다양한 사회 이슈들을 연결하여 설명하는 것이 학자의 기본 책임이자 의무라는 점에서 본 장의 의미와 기여를 두고 싶다.

2. 정보통신기술(ICT) 혁신과 4차 산업혁명

1) 디지털 컨버전스와 초연결시대

전통적 미디어(Traditional Media)와 뉴미디어(New Media)를 구분하는 기준에 대한 학문적 관심은 계속해서 이어져 오고 있다. 하지만, 이에 대한 명확한 기준 내지는 모두가 동의하는 보편적인 틀은 정립되어 있지 않다. 이는 전통미디어와 뉴미디어를 어느 시점에서, 각 미디어를 어떻게 정의 및 분류하는 것 등이 학문마다, 학자마다 다르기 때문이다. 일단 기술적인 측면에서 뉴미디어는 상호작용성(Interactivity), 이동성(Mobility), 확장성(Scalability), 탈대중성(Demassification) 등의 특성을 띤다고 논의되고 있다.

최근 ICT 발달은 디지털 컨버전스 환경을 가져왔다. 디지털 컨버전스 (Digital Convergence)란 디지털화와 네트워크 확장에 따라 미디어 기술이 융합되어 미디어 간의 독자적인 영역과 경계가 모호해지는 것을 말한다. 그림 1은 디지털 컨버전스로 인해 미디어 간의 융합이 어떻게 이루어지는지를 보여 준다. 부연하자면 기존에는 음성, 영상, 데이터 등이 아날로그 형태로 구성되어 있어 라디오, TV, 신문, 방송, 잡지 등의 전통적인 미디어들은 독자적인 영역을 및 산업을 갖고 있었다. 하지만, 디지털화와 네트워크 확장으로 인해 방송과 영상, 인쇄와 출판, 컴퓨터 산업 등은 서로 간의 경계가 허물어지면서 새로운 가치사슬이 형성되고 있다.

스마트 폰이 가장 대표적인 예다. 스마트 유저들은 자신의 스마트 폰 하나를 통해 전화, 인터넷, E-Book, 실시간 동영상, 방송 VOD, SNS 등을 이용할 수 있다. 이러한 기술적 발달로 인해 정보, 아이디어, 콘텐츠, 사람, 콘텐츠 및 앱(Application) 서비스 등이 유기적으로 연결되어 상호작용이 활발히 이루어지고 궁극적으로 라이프 스타일을 비롯한 커뮤니케이션 양식 등에도 변화를 가져오고 있다(표 1 참조).

또한 이러한 디지털 컨버전스는 콘텐츠 유통 플랫폼(Platform)들 간의 경쟁을 야기하며 새로운 가치창출의 미디어 생태계를 이끌고 있다. 또한 디지털 컨버전스는 비단 미디어 산업 간의 융합뿐만 아니라 다양한 사업들(의료, 관광, 금융 등)과 연결되어 새로운 부가가치 창출을 가능케 하고 있다.

ICT의 급속한 발달은 4차 산업혁명(Fourth Industrial Revolution) 시대 도래와도 연결된다. 이는 4차 산업혁명을 대표하는 핵심기술들이 기본적으로 ICT 융합 및 진화를 토대로 하고 있기 때문이다. 그림 2에서 볼 수 있듯이, 4차 산업혁명의 특성은 '초지능화'와 '초연결화'로 요약할 수 있다.

즉 정보산업사회의 대표적인 ICT 미디어인 컴퓨터와 인터넷 기반의 지식정보 혁명에 이어 4차 산업혁명 시대에서는 AI(Artificial Intelligence) 기반의 초지능화와 함께 사람과 사람, 사물과 사물, 사람과 사물 등 다양한 영역에서 네트워크를 통해 초연결이 이루어지고 있다. 특히 5G는 4차 산업혁명의 핵심 인프라 및 통신 고속도로 역할을 하면서 다양한 융합서비스를 구현해 줄 수 있다. 실례로 자율주행차, 사물인터넷(Internet of Things), 원격수술, 증강현실(AR), 가상현실(VR) 등 대용량 데이터 트래픽을 유발하는 서비스들도 5G를 통해 빠르게 처리할 수 있다.

〈표 1〉 전통 매스 커뮤니케이션과 뉴미디어 커뮤니케이션 차이

	매스커뮤니케이션	미디어 커뮤니케이션
채널	소수	다수
수용자	단일	다양
통제	송신자	이용자
전송	일방향, 특정 시간대	상호적, 어디서나 편리한 때
연구 패러다임	내용분석, 수용자에 미치는 효과	인터페이스 디자인, 정보추구
대표적 형태	텔레비전	게임, 웹사이트
동기	각성(arousal)	필요에 의한 만족(satisfaction)
자아 개념(ego concept)	동일시(identification)	자기 실현(self actualization)
사회 통제	법, 윤리, 공중교육	기계적 장치, 모니터링
학습	사회적 모방	경험

*출처: Chaffee & Metzger (2001)

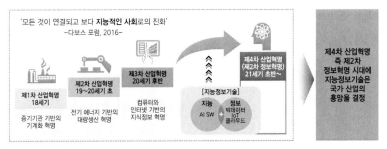

〈그림 1〉 4차 산업혁명을 통한 지능정보사회로 전환

출처: 미래창조과학부, 지능정보산업 발전전략 발표자료 (2016, 4)

미디어 영역에서는 4차 산업혁명의 핵심기술인 빅데이터와 인공지능
이 최근 큐레이션 서비스로 구현되어 새로운 가치창출의 영역으로 주목
받고 있다. 큐레이션(Curation) 서비스란 빅데이터를 통해 개인의 성향
과 환경 등을 고려하여 1대 1 맞춤형의 콘텐츠를 제공하는 서비스를 뜻한
다. 오늘날 정보의 과잉·콘텐츠 홍수시대에 큐레이션 서비스는 개인의
취향과 관련성이 높은 콘텐츠를 선별해 준다는 점에서 장점을 지닌다. 실

례로 넷플릭스(Netflix), 유튜브(YouTube), 멜론(Melon) 등의 온라인 기반의 콘텐츠 회사들은 이러한 큐레이션 및 추천(Recommendation) 서비스를 통해 이용자의 만족도를 높이고 있다. 이러한 큐레이션 서비스에 대한 종합적인 이해를 돕기 위해 웹의 진화 과정과 소셜미디어의 영향력에 관한 설명을 이어가고자 한다.

2) 웹의 진화와 소셜미디어의 영향력

큐레이션 서비스 등장과 소셜미디어의 영향력 및 최근 동향을 파악하기 위해서는 인터넷이 어떻게 진화 및 발전했는지에 대한 선이해가 필요하다. 〈표 2〉는 Web 1.0, Web 2.0, Web 3.0에 대한 각각의 특성을 비교하고 있다. 웹 1.0과 웹 2.0에 대한 개념 및 구분은 닷컴 버블에 있다. 예를 들어 2000년대 초반 IT 관련 국제 컨퍼런스에서 닷컴 버블 이전에는 인터넷 서비스들이 폐쇄적인 포털기반 서비스, 일방적 및 수직적 정보전달 등의 특성을 보였다면 그 이후의 인터넷 서비스들은 개방, 참여, 공유, 협력 등의 가치실현을 통해 이용자들은 생산자, 소비자, 유통자의 역할을 갖게 되었다. 최근에는 빅데이터 기반의 인공지능이 구현되면서 큐레이션 서비스, 맞춤형 1대1, 개인화(Personalized)된 서비스들이 제공되고 있다.

앞에서 논의한 바와 같이, ICT 발달은 디지털 네트워크 시대를 불러 왔다. 디지털 네트워크 사회(network society: van Dijk 1999)란 사람, 정보, 아이디어, 기술 등이 유기적으로 연결되어 각 요소 간의 상호작용이 활발히 작동하는 사회를 말한다. 웹 기반의 이러한 연결 중심의 사회에서 최근 정치, 경제, 문화, 소통 등의 활동이 온라인상에서 다양하게 또한 광범위하게 이루어지고 있다. 특히, 최근 소셜미디어의 빠른 확산은 다양한

구분	웹 1.0	웹 2.0	웹 3.0
시기	1990~2000	2000~2010	2010~2020
키워드	접속(Access)	참여와 공유	상황인식(Context)
콘텐츠 이용형태	생산자가 이용자에게 일방적으로 콘텐츠 제공-이용자는 콘텐츠 소비자	이용자는 콘텐츠의 생산자이며 소비자이며 유통자	지능화된 웹이 이용자가 원하는 콘텐츠를 제공-개인별 맞춤 서비스 제공
검색	검색엔진 내부에서만 가능	여러 사이트에 있는 자료의 개방(Open API)	사용자 맞춤형 검색
정보 이용자	인간	인간	인간, 컴퓨터(기계)
기반기술	브라우저, 웹 저장	브로드밴드, 서버관리	시맨틱 기술, 클라우드 컴퓨팅, 상황인식
대응 단말	PC	주로 PC(모바일 단말 일부 포함)	PC, 모바일 단말, 시계와 같은 액세서리 등 다양

*출처: 유혜림·송인국(2010)

사회 이슈를 불러 일으켰을 뿐만 아니라 학문적 관심 및 연구 대상이 되고 있다. 실례로, 정치학에서는 온라인 공론장(public sphere)으로서의 SNS 기능을, 경제학에서는 롱테일 법칙의 현상(long-tail effect)을, 사회학에서는 SNS을 통한 사회적 자본(social support) 확대 가능성을, 교육에 있어서는 코로나로 인한 비대면 상황에서 새로운 학습 플랫폼(learning platform)로서 SNS의 활용을 다루고 있다.

이 중에서 소셜 미디어와 민주주의 간의 관계 및 영향력을 조금 더 설명하면 다음과 같다. SNS 등장 및 빠른 확산에 따라 학계에서는 온라인상에서 일반 시민들의 자발적인 참여, 양방향적이고 직접적인 소통, 생활문제에 대한 공공토론장 등의 가능성을 제기하고 있다. 이러한 낙관적인 전망은 기존의 정치적 무관심 내지는 냉소에 대한 극복, 그리고 대의민주주의 문제점과 한계를 보완할 수 있다는 주장으로 이어지고 있다(Dalton

2006; Ellison, Steinfield, & Lampe 2007; 금희조·조재호 2010; 윤성이 2012). 가장 대표적인 사례들 중 하나가 영리한 군중(Smart mobs: Rheingold 2002) 개념이다. 영리한 군중이란 스마트폰과 같은 네트워크 기반의 미디어를 통해 시민들이 공통의 관심과 정보를 공유하고 실제 집단행동을 하는 현상을 뜻한다. 즉 기존의 소외 받거나 주변 집단이었던 개인 내지는 집단은 새로운 네트워크 기술을 통해 온·오프라인에서 모이고, 섞이면서 자신들의 목소리를 낼 수 있다.

이와는 반대로, 소셜미디어의 확산이 시민공동체와 민주주의 발전을 저해한다는 비판적인 목소리도 있다. SNS의 가장 대표적인 특성은 개인화(personalization)다. 예를 들어, 한 개인은 SNS을 통해 자신의 관심과 취향 등에 따라 선별적으로 미디어 콘텐츠를 이용하고 자신을 중심으로 연결망을 유지 및 확장할 수 있다. 하지만 이러한 선택성과 자기 중심의 네트워크 구축은 유유상종을 강화하면서 다양한 의견을 외면하는 결과를 초래할 수 있다. 실례로 나은영과 차유리(2012)의 논문은 온라인 소통 네트워크의 규모와 인터넷 양극화 유발성은 대체로 정적인 상관관계를 갖는 반면에 오프라인 소통 네트워크의 규모와 인터넷 양극화 유발성은 부적인 상관관계를 보인다고 보고한다. 이는 온라인의 익명성과 군중성 특성으로 인해 숙의적인 사고와 다양한 의견교환보다는 군중심리 내지는 양극화와 같은 쏠림 현상을 낳는다고 해석할 수 있다. 선스타인(Sunstein 2007) 역시 1인(개인화된) 미디어 이용이 공동의 경험과 의견에 대한 노출 내지는 관심으로 이어지기 보다는 공적 공간의 감소로 이어질 수 있다고 비판한다. 요약하면 SNS을 비롯한 ICT의 빠른 성장과 발전은 우리 사회의 소통 및 시민사회 영역의 변화를 가져오는 계기가 되고 있다. 기존의 미디어와 달리 최근 네트워크 기반의 소셜미디어는 단순히 정보교환의 도구에서 그치는 것이 아니라 하나의 새로운 소통 환경 및 공적 공간을 포괄하는 개념으로 확장되고 있는 추세다.

3) 초지능화의 대표적인 기술인 알고리즘과 관련 이슈들

4차 산업혁명의 대표적 기술을 꼽자면 알고리즘이다. 알고리즘(Algorithm)이란 일차적으로 주어진 문제를 논리적으로 해결하기 위해 필요한 일련의 절차와 방법을 뜻한다. 이를 일상생활로 연결하면 네이버와 다음과 같은 포털 사이트들이 유저들에게 실시간 검색어, 관심 기사 등을 추천해 주거나 유튜브(YouTube), 넷플릭스(Netflix) 등의 콘텐츠 회사들이 빅데이터(Big data)를 기반으로 동영상, 영화를 추천해 주는 것을 일컬어 알고리즘 서비스라 볼 수 있다. 즉 4차 산업혁명의 핵심기술인 인공지능을 이용한 1대 1 맞춤형 콘텐츠 서비스들은 주로 알고리즘 기술을 토대로 하고 있다. 하지만 알고리즘의 결과물이 과연 객관적인가, 공정한가, 가치중립적인가 등에 대한 우려의 목소리가 최근 커지고 있다. 그렇다면 최근 알고리즘을 둘러싼 핵심논쟁들은 무엇이고 우리나라를 포함한 세계 각국과 AI 산업계 등에서는 어떠한 정책적 접근과 그에 따른 제도적 규제 방안을 내놓는지 살펴보면 다음과 같다.

먼저 최근 학계와 언론은 알고리즘 서비스가 편파적 선택심리 및 정치적 양극화를 강화시킬 수 있다고 지적한다. 매일 쏟아져 나오는 정보와 콘텐츠 홍수에 피로감을 느끼는 이용자들에게 알고리즘 추천은 시간절약, 취향저격이라는 편리함을 주지만, 이러한 서비스는 이용자에게 다양한 정보에 대한 노출 및 균형 잡힌 시각을 저해시키는 부작용을 가져다준다. 학계에선 이를 반향실 효과(Echo chamber effect)와 필터 버블(Filter bubble effect)로 명명한다. 추천 알고리즘의 부작용에 대해 유튜브로 예를 들어보자. 유튜브의 경우 유저의 기존 이용기록과 패턴 등을 고려하여 해당 유저의 개인적 취향 내지는 정치적 지향 등과 맞지 않는 콘텐츠들은 걸러내 버리는 동시에 유사한 콘텐츠들은 계속해서 추천해 준다. 결국 유저들은 편향된 자신만의 세상에 갇혀 버리게 된다. 더 심각한 것은 추천 알고리즘을 과용할 경우 확증편향(Confirmation bias)을 낳고 이는 사회 갈등의 하나인 양극화(Polarization)의 심화로 이어질 수 있다는 점이다. 이에 대해 유튜브 회사는 심각한 혐오 발언 및 극단적 정치선동의 내용이 담긴 채널들에 대해 노란딱지를 매김으로써 그 폐해를 줄이고 있다고 해명한다. 그러나 문제는 유튜브의 이러한 노란딱지 정책 역시 유튜브 알고리즘에 의해 구현된다는 점이다. 즉 유튜브 알고리즘이 어떠한 기준으로 자동적 필터링을 작동했는지가 모호하고, 구체적인 설명도 부족하다 보니 이는 정치적 음모 등으로 이어져 더 큰 분쟁을 야기하곤 한다.

알고리즘 관련 또 하나의 주된 논쟁은 개인정보 침해다. 알고리즘은 기본적으로 데이터를 필요로 한다. 즉 데이터 양과 질이 증가할수록 양질의 알고리즘 서비스가 보장되기 마련이다. 문제는 알고리즘 기반 미디어 기업들이 유저의 동의 없이 개인정보 데이터를 광고 및 마케팅에 활용하고 있다는 것이다. 실례로 유럽연합(EU)의 개인정보 보호규정(GDPR, General Data Protection Regulation) 발효 직후, 소셜미디어의 대표 기업들(구글, 페이스북, 인스타그램, 왓츠앱)의 경우 '사용자에 대한 서비스 약관 동의과정이 일방적이다'는 이유로 현재 제소를 당한 상태다. GDPR은 개인정보 보호와 관련하여 EU 회원국 소재 기업들뿐만 아니라 EU 이외 국가에 소재하는 기업들에게도 정보주체의 권리 신장과 정보처리자의 의무를 대폭 강화하는 법으로 이를 위반 시 막대한 과징금을 부과한다. 우리나라의 경우, 최근 데이터3법(개인정보 보호법, 신용정보의 이용 및 보호에 관한 법률, 정보통신망 이용촉진 및 정보보호에 관한 법률)이 올해 시행됨에 따라 GDPR의 적정성 평가를 준비하고 있다. 여기서 놓치지 말아야 할 점은 개인정보 보호를 위한 이러한 법적·제도적 장치와 AI 산업 육성을 위한 정부의 4차 산업육성 정책이 서로 충돌할 수 있다는 것이다. 따라서 개인정보 보호강화와 4차 산업혁명의 AI기술 발전방안 간의 균형을 잘 맞출 수 있는 다각적인 접근과 실효성 높은 정책이 절실히 요구된다.

알고리즘 관련 마지막 핵심쟁점은 알고리즘 책무성(Algorithmic Accountability)과 투명성(Algorithmic Transparency)에 있다. 전자는 특정한 알고리즘이 어떠한 원리로 작동하여 해당 결과물을 낳는지에 대한 설명이 필요하다는 것이고, 후자는 알고리즘이 객관적이고 편향 없는 결과를 낳는지를 확인하기 위해 그 내용과 과정이 투명하게 공개되어야 한다는 뜻이다. 최근 국내 최대 포털 사이트인 네이버는 알고리즘 기반의 쇼핑·동영상 서비스 검색결과 조작(자사의 네이버쇼핑에 유리하게 임의조정)으로 공정거래위원회로부터 과징금 267억을 부과 받았다. 네이버는 자체 뉴스 서비스의 경우 알고리즘 방식(AiRS 시스템)으로 운영되며 공정위가 지적한 인위조정은 검색 결과의 다양성을 유지하기 위한 개선의 결과일 뿐 다른 사업자 배제와는 아무런 관련이 없다고 해명한다. 사실 근본적인 문제는 네이버의 알고리즘 책무성과 투명성 부족에 있다. 왜냐하면 네이버는 그동안 뉴스검색 조작 의혹에도 자사의 검색 알고리즘을 공개하지 않고 있기 때문이다. 즉 알고리즘 결과가 정확성과 객관성을 담보하는지, 인간의 개입이 있는지, 어떠한 방식과 기준으로 유저들의 데이터를 처리하는지 등에 대한 투명한 공개와 설명은 부족한 실정이다. 우리나라의 경우, 네이버와 다음과 같은 포털(Portal) 사이트들에 대한 의존도(85%)는 다른 나라들에 비해 매우 높은 편(55%)이며, 많은 사람들이 포털 사이트를 저널리즘으로 간주한다는 점에서 더욱 알고리즘의 책무성과 투명성 확보는 시급하다. 즉 저널리즘의 원칙 및 가치가 공정성, 객관성, 정확성, 신뢰성임을 고려할 때 포털 플랫폼들은 알고리즘 관련 사회적 책임 요구에 응답해야 한다.

4) 미디어 환경변화에 따른 이용자의 미디어 소비패턴 변화

영국의 로이터 저널리즘 연구소(Reuters Institute for the Study of Journalism)는 2012년부터 해마다 세계 주요 국가 국민들의 디지털 뉴스 이용, 인식, 평가 등에 대한 설문조사 결과를 보고하고 있다. 2020년의 경우 총 40개 국가의 80,155명을 대상으로 자국의 뉴스 미디어 신뢰도, 온라인 뉴스 이용방식과 경로, 온라인상의 가짜뉴스에 대한 우려, 허위정보 채널로 우려되는 플랫폼 등에 대한 40개 국가들의 응답을 비교 분석하고 있다. 다양한 설문결과들 중에서 흥미로운 발표결과들을 소개하자면 다음과 같다.

첫째로, 로이터 저널리즘 연구소의 〈디지털뉴스리포트 2020〉에 따르면 우리나라는 조사 40개국 중에서 뉴스 이용 편향성이 가장 높게 나타났다. 여기서 뉴스 이용 편향성이라 함은 '나와 같은 관점의 뉴스'에 대한 선호도를 말한다. 우리나라의 경우 뉴스 이용 편향성에 대한 응답율은 44%로 40개 평균치인 28%보다 무려 16%가 높게 나타났다(그림 3은 우리나라를 비롯한 8개국들에 대한 뉴스 이용 편향성 비율을 보여 준다). 이는 앞서 언급한 바와 같이, SNS를 통해 정치 관련 뉴스를 이용하는 비중이 높아짐과 동시에 알고리즘 기반의 뉴스 서비스를 이용 시 반향실 효과와 확증 편향이 커졌다라고 해석할 수 있다. 즉 우리나라의 경우 나의 입맛에 맞는 뉴스에 대한 수요가 증가하는 추세라 할 수 있다.

둘째로, 다른 나라에 비해 언론 신뢰도가 낮게 평가되었다. 주목해 볼 결과는 우리나라는 언론 신뢰도 평가의 경우 작년에 이어 올해도 최하위를 기록했다. 즉 '뉴스 전반에 대해 신뢰하십니까?'라는 물음에 40개국 평균은 38%인 반면에 우리나라는 21%였다. 보다 구체적으로 살펴보면, 연령이 낮을수록 언론에 대한 신뢰도는 낮게 나타났다. 특히 20대 여성의 경우 언론 신뢰도가 가장 낮았으며(13%), 50대 여성은 26%로 가장 높았다. 앞선 뉴스 이용 편향성 측정지수에서 우리나라가 가장 높았다는 점을 고려해 볼 때 뉴스 전반에 대한 신뢰도가 최하위를 기록한 것은 놀랍지는 않다고 볼 수 있다. 로이터 저널리즘 연구소는 이에 대해 저널리즘 자체보다는 특정 미디어 내지는 특정 뉴스의 관점에 대한 불만족이 언론 신뢰도 하락에 영향을 끼쳤을 것이라고 해석했다.

셋째로, 허위정보(Disinformation) · 오정보(Misinformation) 채널 평가에 있어 40개국 응답 결과를 살펴보면 가장 우려되는 채널은 페이스북, 뉴스 웹사이트나 앱(20%), 메시징앱(14%), 검색엔진(10%), 유튜브(6%), 트위터(5%) 순으로 꼽혔다. 우리나라의 경우, 허위정보가 가장 우려되는 온라인 플랫폼에 대한 순서는 유튜브(31%), 검색엔진(21%), 뉴스 웹사이트나 앱(21%), 페이스북(10%), 메시징앱(7%), 트위터(4%)였다.

〈그림 3〉은 우리나라와 40개 국가 간의 허위정보 · 오정보 관련 우려되는 플랫폼 순서를 보여 준다. 40개국 평균과 달리 우리나라는 허위정보 · 오정보가 가장 우려되는 온라인 플랫폼으로 유튜브(31%)가 가장 높았다. 이는 40개국 평균(6%)에 비해 무려 5배가 넘는 수치다. 부가적으

같은 관점 뉴스, 관점 없는 뉴스, 반대 관점 뉴스에 대한 선호(한국 및 8국)   (단위: %)

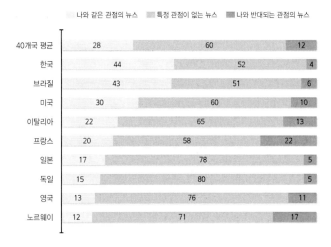

〈그림 2〉 주요 국가들의 뉴스 이용 편향성

출처: 한국언론진흥재단 미디어 이슈 (2020)

주요 플랫폼 상의 허위정보·오정보에 대한 우려   (단위: %)

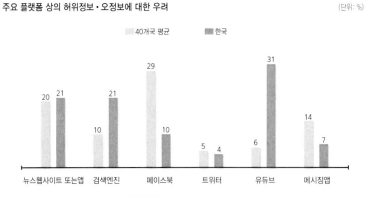

〈그림 3〉 40개 국가와 우리나라 간의 허위정보로 우려되는 플랫폼 비율

출처: 한국언론진흥재단 미디어 이슈 (2020)

로 허위정보에 대한 정보원(Source) 결과를 살펴보면 우리나라는 정치인 (32%), 언론사·기자(23%), 일반대중(20%), 정치행동가(18%), 외국정부 (4%) 순으로 나타났다. 특히 우리나라는 다른 나라들에 비해 '언론인'과 '일반대중'이 허위정보의 출처로 지목한 비율이 높았다. 전 세계적으로 동영상 콘텐츠 중심의 유튜브의 이용률이 계속해서 증가하고 있는 것은 공통적인 미디어 환경변화라 볼 수 있는 반면에 우리나라의 경우 유튜브 는 뉴스 내지는 시사정보 이용, 정치의견 공유 등의 채널로 이용되고 있 다는 특성을 보여 준다. 이와 더불어 우리나라는 전 연령대에서 유튜브를 뉴스 관련 채널로 이용하고 있는 것으로 나타났다.

3. 결론

본 장에서는 ICT(디지털컨버전스, 네트워크 확대) 특성들과 함께 4차 산업 혁명 간의 관계를 살펴보았다. 특히 이러한 기술적 발달이 최근 미 디어 환경을 어떻게 변화시켰는지를 소셜 미디어의 진화, 빅데이터 기반 의 알고리즘 서비스 등장, 40개국 국민의 미디어 소비패턴 경향 등을 중 심으로 설명하였다. 사실 새로운 미디어 내지는 혁신적 기술이 등장할 때 마다 낙관론과 비판론은 늘 함께 있었다. 중요한 것은 미디어 및 기술 자 체는 가치중립적이고, 사람과 사람을 이어주는 연결 수단이자 문제해결 을 위한 도구라는 점이다. 따라서 문제는 '어떻게'이다. 미디어를 생산· 유통·소비하는 주체는 우리이기에 미디어 환경 변화에 대한 대응과 저 널리즘의 발전방안 모색 역시 사회적 유대와 협력적 소통을 통해 스마트 하게 이뤄나가야 한다.

참고문헌

금희조·조재호. 2010. "스마트폰, 커뮤니케이션 격차, 그리고 정치 참여: 소셜 미디어 효과에 대한 스마트폰 이용의 조절 역할을 중심으로." 『한국언론학보』 54(5). 348-371.

나은영·차유리. 2012. "인터넷 집단극화를 결정하는 요인들: 공론장 익명성과 네트워크 군중성 및 개인적, 문화적 요인을 중심으로." 『사회 및 성격』 26(1). 103-121.

미래창조과학부. 2016. 『지능정보산업 발전전략 발표자료』 미래창조과학부.

유혜림·송인국. 2010. "웹 서비스 형태 변화에 따른 소셜 네트워크 서비스의 진화." 『한국인터넷정보학회지』 11(3). 52-62.

윤성이. 2012. 『정치적 소통과 SNS: SNS와 참여민주주의 미래』 서울: 나남.

한국언론진흥재단. 2020. 『편향적 뉴스 이용과 언론 신뢰 하락: 〈Digital News Report 2020〉 주요 결과』 미디어연구센터.

Castelles, M. 1996. The rise of the network society. The information age: Economy, society, and culture, Vol. 1. Oxford: Blackwell.

Chaffe, S. H., & Metzger, M. J. 2001. "The end of mass communication?" Mass Media & Society. 4, 365-379.

Dalton, J. 2006. *Citizen Politics: Public opinion and political parties in advanced industrial democracies.* Washington: CQ Press.

Ellison, N. B., Steinfield, C., & Lampe, C. 2007. "The benefits of Facebook friends: Social capital and college students' use of online social network sites." *Journal of Computer-Mediated Communication.* 12, 1143-1168.

Rheingold, H. 2002. *Smart Mobs: The Next Social Revolution.* Cambridge: Perseus.

Sunstein, C. R. 2009. "Neither Hayek nor Habermas." *Public Choice.* 124, 87-95.

van Dijk, J. 1999. *The Network Society: Social Aspects of New Media.* London: Sage.

Wilson R. E., Gosling, S. D., & Graham, L. T. 2012. "A review of Facebook research in the social sciences." *Psychological Science.* 7, 203-220.

Zhang, Y., & Leung, L. 2014. "A review of social networking service (SNS) research in communication journals from 2006 to 2011." New Media & Society, Advance online publication. Doi:10.1177/1461444813520477

제6장

유튜브 저널리즘과 거버넌스

김기태 · 윤종빈

명지대 미래정책센터 · 명지대 정치외교학과

1. 서론

디지털 기술 발전에 따라 방송 콘텐츠가 유무선 인터넷을 통해 자유롭게 유통될 수 있는 환경이 조성되었다. 이에 따라 전통적인 방송 미디어인 고정형 TV에서 소비되던 방송 콘텐츠가 케이블TV, 위성방송, 인터넷 TV(IPTV) 등을 통해 유무선 인터넷으로 유통되고 있고, 방송 콘텐츠 이용을 지원하는 다양한 스마트 단말기가 확산되면서 방송 콘텐츠는 고정형 TV에서 벗어나 PC, 모바일 등 다양한 기기에서 이용되고 있다.

특히 모바일의 경우 여타 서비스 이용시간이 정체, 혹은 감소하는 중에도 '동영상' 서비스 소비가 지속적으로 성장하여 미디어 전체 성장을 견인하고 있으며, 이용시간과 전 연령층에 걸친 고른 이용 측면에서도 타 카테고리 대비 높은 경쟁력을 보이고 있다. 특히 코로나 확진자 수가 가장 급증했던 2020년 2월부터 4월까지의 모바일을 통한 동영상 및 방송 시청시간의 증가는 주목할만하다.[1] 이러한 모바일 중심의 동영상 이용 추세가 강화되는 미디어 지형 변화에서 두드러진 특징은 과거 PC의 동영상 플레이어(동영상 앱들, 예를 들어 곰플레이어, 팟플레이어, 네이버TV 플레이어) 사업자 및 포털 웹(네이버나 다음) 중심 영상 소비가 모바일로 급격히 대체되면서 콘텐츠 제작과 소비의 자율성, 모바일 시청 특성이 반영된 형태로 발전한 '유튜브(YouTube)'가 현재 이용시간을 거의 독점하는 지배적 플랫폼 사업자로 등장한 것이다(그림 1 참조).

이렇게 유튜브 소비가 급격히 증가하면서 유튜브를 통한 뉴스 소비도 크게 증가하였다. 닐슨 코리아(Nielson Korea)의 2019년 N스크린 이용행태 조사에 나타난 유튜브 뉴스 장르 소비 행태를 살펴보면, 40대의 경우 유튜브 이용 중 TV 뉴스 관련 콘텐츠와 온라인 뉴스가 가장 주요한 이용목적으로 나타났고, 50대의 경우도 주로 유튜브를 통해 시사 보도 관련 콘텐츠를 집중적으로 소비하는 것으로 나타났다. 이러한 경향에 발맞

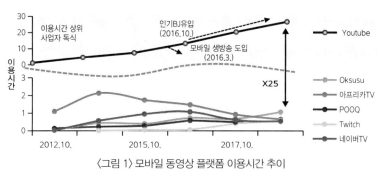

〈그림 1〉 모바일 동영상 플랫폼 이용시간 추이

출처: 닐슨코리아(Nielson Korea) 미디어리서치 리포트(2019)

---

1. 작년 대비 34.1% 증가, Nielsen Android Mobile App Behavioral Data(2018.02~2018.04, 2019.02~2019.04, 2020.02~2020.04) / 월간 / 각 년도별 수치는 연간 2~4월 트래픽의 산술 평균값

추어 각 방송사나 신문사들은 적극적으로 유튜브를 통하여 자신들의 뉴스 콘텐츠를 전달하고 있고, 레거시 미디어와는 별도로 의견 지도자들이 유튜브 플랫폼을 통해 뉴스에 대한 적극적인 해석을 통해 여론 형성에 영향을 주고 있는데, 이러한 추세는 근래 들어 유튜브 저널리즘(YouTube Journalism)이란 이름으로 주목받고 있다.

본 장에서는 먼저 유튜브 저널리즘이란 무엇인지 알아보고 유튜브 저널리즘의 등장 배경과 현황을 소개한다. 다음으로 유튜브 저널리즘의 특징을 다루면서 유튜브 저널리즘 경향으로 인해 발생하고 있는 혹은 발생할 수 있는 다양한 문제점들을 살펴본다. 본 장은 이러한 문제들을 소개함과 동시에 그러한 이슈들을 해결할 수 있는 정책적 움직임을 조망하고 그러한 정책적 움직임 속에서 민간·공공 영역은 어떠한 거버넌스(Governance)를 구성해 나갈 수 있을지 그 가능성을 타진해본다.

2. 유튜브 저널리즘의 등장과 관련 이슈들

1) 유튜브 저널리즘 현황

유튜브는 전 세계 최대 동영상 공유 플랫폼으로, 2006년 구글에 인수된 이후 빠르게 성장하며 구글의 핵심 서비스로 자리매김했다. 페이팔 직원이었던 채드 헐리(Chad Hurley), 스티브 챈(Steve Chen), 조드 카림(Jawed Karim)이 2005년 2월에 공동 설립했으며, 설립 1년 만인 2006년 여름 월 방문자 수 2천만 명, 일간 1억 뷰를 달성하는 등 빠르게 부상하며 2006년 10월 구글이 인수 합병되었다. 구글이 지불한 16억 5천만 달러(약 2조 2000억 원)는 인수 당시에는 구글의 M&A 중 가장 큰 규모였으며, 유튜브의 불확실한 수익모델로 많은 비판을 받기도 하였다. 그러나 인수 2년 후 2008년 시점에서 유튜브 매출은 1억원에 불과했으나(정진영 2008) 현재 유튜브 사용자는 전 세계 인터넷 사용자의 3분의 1에 달하고 매년 기록적 매출을 달성하며 기업가치는 인수 초기에 비해 125배나 성장했다(정원엽 2020).

이러한 유튜브 플랫폼의 성장과 함께 유튜브 채널을 통한 뉴스 소비 역시 크게 증가하고 있는데 디지털 뉴스리포트 2019[2]에 따르면 이러한 유튜브 뉴스 소비는 특히 우리나라에서 두드러진 특징이라고 한다. 38개국을 대상으로 한 조사에서 "유튜브에서 지난 일주일 동안 뉴스 관련 동영상을 시청한 적이 있다"는 응답은 한국이 40%로, 조상대상국 전체 26% 대비 14% 포인트 높게 나타났고, 2018년 언론인 의식조사에 따르면, 뉴스 소비 동영상 플랫폼 중 91.6%의 응답자가 유튜브를 통해 뉴스를 보았다고 대답해[3] 19.0%의 응답자만이 이용했다는 네이버TV와 큰 격차를 보였다.

이렇듯 유튜브가 뉴스 소비의 주요 이용 플랫폼으로 등장하면서 지상파와 종편을 비롯한 방송사들, 디지털 신문사들, 의견 지도자들(인플루언서, Influencers), 개인들이 적극적으로 유튜브를 통하여 기존 제작된 자신들의 뉴스 콘텐츠뿐 아니라 유튜브 채널만을 위해 자체 제작한 뉴스·시사 콘텐츠를 전달하고 있다. 이상우(2019)에 따르면 국내 뉴스·시사 관련 유튜브 채널은 총 532개에 달한다고 보고하고 있는데, 이 중 기존 방송·언론의 유튜브 채널 현황을 살펴보면, 구독자 수 기준으로 YTN

---

2. Digital News Report 2019, 한국언론진흥재단
3. 복수 응답 가능

(227만 명)**4**, JTBC 뉴스(155만 명)이 1, 2위를 차지하고 있다. 지상파의 경우, SBS뉴스(133만 명), MBC 뉴스(120만 명), KBS뉴스(115만 명)가 모두 20위권 안에 포함되어 있고, 특히 SBS의 '비디오 머그'(98만 5천 명), MBC의 '엠빅뉴스'(66만 1천 명), KBS의 '댓글 읽어주는 기자들'(21만 6천 명) 등 각 방송사의 서브 채널들은 유튜브 전용 콘텐츠를 제공하고 있는데 이들 채널들도 본 채널 못지 않은 구독자 수를 기록하고 있다

닐슨코리아(2019)에 따르면 정치 관련 개인 및 인플루언서(정치인·언론인)가 운영하는 유튜브 채널 수는 2018년을 기점으로 크게 증가해 전체 구독자 1만 명 이상 채널 중 50% 이상(306개 채널 중 150개, 2019년 4월 기준)에 이르고 그 중 '신의 한수'(134만 명), '펜 엔드 마이크 정규제 TV'(67만 1천 명)와 같은 보수 계열 유튜브 채널 '딴지 방송국'(82만 명), '김용민TV'(48만 8천 명) 등 진보 계열 유튜브 채널도 언론사 채널 못지 않은 구독자 수를 기록하고 있어 유튜브 뉴스 채널에서 개인 인플루언스의 영향력이 매우 높음을 보고하고 있다.

이렇듯 유튜브를 통한 뉴스 콘텐츠 생산·배포·소비가 활발해지면서 '유튜브 저널리즘'이란 용어가 등장하고 있다. 유튜브 저널리즘이란 용어가 아직 학문적으로 명확히 정의되지는 않았다. 유튜브가 뉴스 전달 매체로서 새롭게 부상하는 현상에 최초로 주목한 연구는 미국의 여론조사기관 퓨 리서치 센터(Pew Research Center)가 2012년 발표한 〈유튜브와 뉴스〉 보고서에서이다(July 2012, Pew Research Center). 보고서는 가장 인기 있는 유튜브 뉴스 동영상 종류, 인기 있는 뉴스 및 생산 주체, 유튜브 뉴스의 평균 수명 등 유튜브 뉴스 소비 현황을 상세하게 다루고 있

---

4. 2021년 2월 15일 기준

다. 물론 당시의 유튜브 뉴스 소비 패턴과 지금의 현황은 많은 차이점이 있지만, 보고서에서 특별히 주목하고 있는 현상은 주목할만한 사회적 이슈에 관한 비디오 조회수는 가장 재미있는 엔터테인먼트 비디오의 조회수를 앞지를 정도로 뉴스·시사 관련 비디오의 힘이 강력한 것으로 확인되었다는 점이다. 구체적으로 퓨 리서치 센터가 조사 대상으로 선정한 2011년 1월부터 2012년 3월까지의 유튜브 뉴스 부문 동영상 중 일본 동북부 해안을 강타한 쓰나미 관련 비디오가 조회수 1위를 기록하고 러시아 선거, 중동 민주화 혁명에 관한 뉴스 동영상이 그 뒤를 이었다. 보고서는 이러한 유튜브 뉴스 시청 행태에 주목하면서 이렇게 중요한 사건·사고 소식을 유튜브를 통하여 실시간으로 시청하려는 사람들이 늘어난 현상을 이른바 '유튜브 저널리즘'이 활성화된 것으로 파악했다. 사실 조사 대상 유튜브 동영상 중 일반인이 촬영한 동영상이 전체 40%에 달하고 이러한 일반인의 창작활동을 저널리즘 활동이라고 볼 수 있냐는 점에서는 의문의 여지가 있다. 그러나 기존의 전문주의적 저널리즘(Professional journalism)과 비전문적·대안적 미디어(Alternative media)라는 오랜 이분법적 틀(Kenix 2011; Uzelman 2011)을 벗어나 유튜브를 통한 뉴스 생산 및 소비 활동을 하나의 새로운 영상 저널리즘(A new kinds of visual journalism)이라고 정의하며 유튜브 뉴스 소비 현상을 분석하고 있다는 점에 이 보고서의 의의가 있다 하겠다.

2) 유튜브 저널리즘의 성격

박상현(2019)은 유튜브 저널리즘을 콘텐츠 포맷에 따라 세 가지로 나누고 있다. 첫째, 프라임 타임 뉴스 포맷과 동일한 방식으로 뉴스를 전달하는 스타일이다. 기존 방송사나 디지털 언론사가 레가시 미디어를 통해 제공했던 뉴스 콘텐츠를 그대로 유튜브 포맷에 맞춰 비실시간으로 업로드하거나 방송사의 경우 방송시간에 맞춰 실시간으로 유튜브에서 생중계하는 방식이다. 또는 개인 유튜버들이 제작한 정치, 경제, 사회, 문화 분야에 관한 뉴스도 이러한 포맷에 포함된다. 둘째, 종편의 시사 프로그램과 비슷한 포맷의 토크쇼 스타일인데, 유시민의 '알릴레오', 홍준표의 '홍카콜라', 김어준의 '다스뵈이다' 등이 이러한 포맷에 속한다. 셋째, 미국의 복스(Vox)나 뉴스타파와 같이 데이터 저널리즘(Data Journalism)으로 유명한 언론사나 개인 데이터 사이언티스트들(data scientists)이 뉴스나 관련 이슈에 관한 데이터를 시각화해서 인포그래픽(infographic)과 촘촘한 스크립트로 5분 정도의 짧은 영상을 구상해서 유튜브에 업로드하는 스타일이다.

이러한 유튜버 저널리즘의 등장 배경으로 마정미(2020)는 대중의 기존 언론보도에 대한 신뢰 하락에서 찾고 있다. 영국 옥스포드대학교 부설 로이터저널리즘연구소가 발간한 '디지털뉴스리포트 2020'에서 한국은 언론 신뢰도 21%로 조사 대상 40개국 중 최하위로 나타났고 이는 2016년 한국 언론이 해당 조사에 처음 포함된 뒤 5년 연속 신뢰도 최하위를 기록한 것이다. 이러한 언론에 대한 불신과 새로운 형식의 언론에 대한 기대 등이 복합적으로 작용해 유튜브 저널리즘을 등장하게 하였다는 것이다.

그러나 유튜브 저널리즘의 등장을 기존 언론에 대한 불신에서만 찾는 것은 충분치 않다. 사실 과거에도 언론에 대한 비판적 시선은 꾸준히 있어 왔고, 언론에 대한 비판이 반드시 언론이 과거보다 더 나빠졌기 때문만은 아니라는 점을 볼 때 유튜브 저널리즘의 부상은 기존 언론에 대한 신뢰 하락이라는 외적 요인 외에 유튜브라는 새로운 미디어의 내재적·

기술적 특징에서 기인한 바도 함께 살펴보아야 한다. 양선희(2020)는 유튜브 저널리즘이 갖는 특징으로 생산, 유통, 소비 측면에서 생산 주체의 다양화, 유통구조의 다변화, 소비 동기의 차별화를 들고 있다. 특히 소비 동기의 차별화 측면에서 다른 연구에서도 역시 이용자들이 유튜브 뉴스로부터 기대하는 가치는 흥미성·편리성·다양성(2019 뉴스미디어 리포트)이거나 재미, 유쾌한 장난, 경박함 등으로 나타나 '신뢰성', '전문성'이 강조되는 전통적인 저널리즘의 가치와는 큰 차이를 보였다. 유용민(2019) 역시 행동주의 측면에서 "유튜브 저널리즘의 성격은 특정한 담론적 목표를 위한 수단이지 공정 보도 실현이나 정론 보도 같은 전문직주의 저널리즘의 목적 그 자체가 아니다"라면서 이는 더이상 불편부당성이나 중립성, 균형성 또는 다양성을 구현하기 위한 저널리즘 관행이 필요치 않다고 지적한다.

이렇게 유튜브 저널리즘이 전통적인 저널리즘과 추구하는 가치 면에서, 생산 주체의 전문성 면에서, 유통 구조 면에서 많은 차이점을 보이고 있기 때문에, 이러한 '유튜브 뉴스'을 저널리즘이라고 부르는 것이 합당한가에 대한 논쟁이 있다. 저널리즘은 보통 제도언론에 의해 유지되고 있는 관행과 규범에 따라 사실을 수집하고 검증하여 대중에게 전달하고(Tuchman 1978) 이러한 사실을 바탕으로 의견교환을 촉진하는 활동이라고 이해된다(MaNair 2009). 그런데 이러한 사실 수집과 전달이라는 측면에서는 유튜브 저널리즘은 저널리즘이라고 보기 어렵다. 그러나 "일반적인 공적 관심과 중요한 당대 현안에 관한 정보를 생산하고 확산시키는 행위 또는 관행(p.11)"이라고 저널리즘을 좀 더 폭넓게 정의하는 셔드슨(Schudson 2003)의 견해를 따른다면 유튜브 저널리즘은 기존 저널리즘의 확장된 형태라고 볼 수도 있다. 이런 면에서 유튜브 저널리즘은 사실이나 정보를 전달하는 객관 저널리즘으로서의 성격보다는 이슈에 대한 의미, 가치, 배경을 설명하고 다른 정보와의 연결적 맥락과 해석을 제공하는 안내 저널리즘(Bardoel 1996)이나 해석 저널리즘으로서의 성격을 더 지니고 있다 볼 수 있다.

사실 유튜브 저널리즘에서뿐 아니라 주류 저널리즘에서조차 뉴스는 더 해석지향적으로 변모해 왔는데(Fink & Schudson 2013) PD 저널리즘이 그 대표적인 사례라 할 수 있겠다. PD들의 사회고발 프로그램은 대부분 시민의 관점, 약자의 관점에 서 있다. 기자들이 출입처 중심의 취재로 인해 이 사회의 결정권자에게 보다 더 초점을 맞추는 경향이 있는 반면 이러한 사회 고발 프로그램은 결정권자의 결정에 소외된 사람들 그리고 그 결정으로 인해 영향받는 약자의 시선도 소개해 사건에 대해 좀 더 다양한 시각과 좀 더 깊은 맥락을 제시하는 경향이 있으며 동시에 이러한 심층 보도를 바탕으로 사건에 대한 상당히 주관적인 해석과 평가가 이루어지는 혹은 은연중에 암시되는 경우가 많다. 이러한 PD 저널리즘은 전통적인 객관 저널리즘으로부터의 어느 정도의 일탈이라고 볼 수 있는데, 종편의 토크쇼, 예능과 시사를 결합한 혼종 장르(예를 들어 JTBC의 '썰전' 등)에서도 이러한 경향을 살펴볼 수 있다.

온라인 저널리즘의 등장은 저널리즘의 민주화라는 맥락에서 이해된다(Kim 2012). 실제 과거 유튜브는 자신들이 만든 영상 플랫폼이 매체 문화의 '민주화'를 이끌었다고 자부한다. 실제 유튜브 생산 관리 매니저 바키(Bachi)는 "유튜브는 방송 경험뿐 아니라 미디어 유통과 광고 경험까지 민주화(democratizing)했다"(Kim 2012에서 재인용)고 주장한다. 이러한 저널리즘의 민주화라는 맥락을 앞서 언급한 해석적 저널리즘적 성격과 함께 고려한다면 유튜브 저널리즘은 소수자들의 의제를 공론화하며 사회 변화와 문제 해결을 위한 시민 동원과 참여를 위한 기제로 활용되는 의미에서 대안적 또는 시민(참여적인)적 저널리즘으로서 긍정적으로 평가될 수 있을 것이다.

그러나 이러한 대안적 혹은 긍정적 맥락에서의 유튜브 저널리즘에 대한 논의와는 반대로 유튜브 저널리즘 장이 허위, 왜곡, 혐오, 정치적 양극화 조장 그리고 저급한 저널리즘적 콘텐츠로 인한 공론장 오염과 분열 그리고 후퇴를 조장하고 있다는 사회적 시선과 우려도 존재한다. 앞서 언급했듯이 유튜브 저널리즘에 기존 방송사·신문사도 뛰어들고 있지만 유튜브 저널리즘에서 특히 주목받는 것은 셀레브리티(의견 지도자)들이며 이들 대부분은 사회적으로 영향력 있는 유명한 평론가, 전·현직 정치인, 메이저 언론사 출신들이다. 이 행위자들의 정치적 성향 분포는 정치적 다양성이 아닌 정치적 양극화 또는 정파성에 지배된 저널리즘 구도와 오히려 친화적이다. 이들 대부분 모두 분명한 이념과 가치를 지향하는 당파주의자들이고 상당수는 엘리트 행위자들이며 공론장 안에서 불리한 발언권을 가져왔던 평범한 시민이나 사회적 소수자들이 아닌 이미 특권적 발언권을 갖고 있던 행위자들이다. 이러한 면에서 유용민(2019)은 유튜브 저널리즘이 갖는 시민적 또는 대안적 가능성은 잠재적일 뿐이며 현실에서는 오히려 정파적 또는 정치 병행적 저널리즘의 유튜브 침투 또는 저널리즘의 정파성 구조가 유튜브까지 전이되고 확장된 구도에 가깝다는 점을 지적한다.

이러한 유튜브 저널리즘 크리에이터들의 정파성 문제뿐 아니라 유튜브 플랫폼이라고 하는 매체 자체가 가지고 있는 특징으로 인해 발생하는 유튜브 저널리즘의 다양한 문제가 지적되고 있다. 대표적으로 지적되는 문제들은 유튜브 저널리즘과 가짜뉴스(fake news), 유튜브 추천 알고리즘으로 야기되는 확증편향 문제, 그리고 유튜브 알고리즘 개발을 위해 사용되는 개인정보의 유출 문제 등이 있는데, 다음 장에서 각각의 문제점들을 좀 더 상세하게 살펴보고자 한다.

3) 유튜브 저널리즘의 문제점

유튜브 저널리즘의 문제점으로 가장 많이 언급되는 것이 가짜뉴스 문제이다. 2018년 한국 언론진흥센터가 실시한 온라인 설문 조사에서 1,148명의 응답자 중 약 3분의 1에 해당하는 응답자(34%)가 유튜브를 통해 허위정보 혹은 가짜뉴스를 접했다고 답했다.

사실 이른바 가짜뉴스 문제는 유튜브 플랫폼만의 문제는 아니다. 가짜뉴스가 하나의 병리적 사회현상으로 본격적으로 이슈화된 것은 2016년 미국 대통령 선거에서부터였다. 당시 페이스북(Facebook)을 통해 교황이 트럼프 후보를 지지한다는 뉴스가 96만 건이나 공유되고 힐러리 후보가 이슬람 국가(IS)와 연루되었다는 뉴스도 70만 건 이상 공유되었다(정철운 2018). 한편 한겨레 탐사보도팀은 2018년 가짜뉴스가 유통된다고 의심되는 유튜브 채널 100여 개, 카카오톡 채팅방 50여 개를 전수조사하여 사회 연결망 분석법(social network analysis)을 이용하여 가짜뉴스의 생산과 유통망을 추적하였다. 그 결과 '에스더 기도운동'이라고 하는 종교단체가 동성애·난민 혐오를 조장하는 가짜뉴스를 제작하고 유튜브와 카톡을 통해 퍼트린 사실을 확인하였다(김원·박준용·변지민 2018).

또한 현재진행형인 코로나 19 바이러스 펜데믹 사태로 인해 가짜뉴스 문제가 더욱 조명받고 있다. 코로나 사태로 인해 진위를 따지기 어려울 정도로 너무 많은 정보가 쏟아지자, 세계보건기구(WHO)는 인포데믹으로 인해 방역에 어려움을 겪을 수 있다며 공식적으로 인포데믹(infor-mation+pendemic)에 대해 우려를 밝힌 바 있다. SNU 팩트체크 연구소가 최근 수행한 코로나19와 관련한 정보들에 대한 사실 검증 결과, 관련한 정치인 발언, 언론사 뉴스, 인터넷 커뮤니티 정보 등 가운데 75% 이상이 사실이 아닌 것으로 나타났다. 코로나19와 관련해 주목된 주장 및 발언 약 140건 가운데 107건을 '전혀 사실이 아님' 혹은 '대체로 사실이 아님'으로 판정받았는데, 일부 내용은 단순한 오보나 오해석에서 기인한 것으로 판단되지만, 일부는 의도적으로 유포된 가짜뉴스로 볼 수 있고 이는 대중에게 코로나에 대한 잘못된 지식을 전파하고 혼란을 야기할 수 있다는 점에서 가짜뉴스의 제작 및 유포 행위를 적극적으로 처벌해야 한다는 주장이 제기되고 있다(류승희·정정주 2020).

그러나 가짜뉴스를 단속하기 위해서는 일단 가짜뉴스에 대한 명확한 정의를 내리는 것이 우선이겠으나 아직 '가짜뉴스가 무엇인가?'에 대한 논의가 분분한 상태이다. 학문적 연구 대상으로 가짜뉴스는 초기에는 정보의 '사실성'에만 초점을 맞추고 언론 보도의 형식을 띄고 유포된 거짓 정보로 정의되었다. 그러나 이러한 개념 정의는 규제나 정책 입안을 위해서는 너무 광범위해서 처벌과 단속이 어렵다.

이에 따라 황용석과 권오성(2017)은 범위를 좀 더 좁혀 가짜뉴스를 정치·경제적 이익을 위해 의도적으로 언론 보도의 형식을 띄고 유포된 거짓 정보로 정의한다. 이는 2018년 4월 5일 박광온 의원이 발의한 가짜뉴스 유통방지에 관한 법률안에서 정의된 바와 일치하는 것으로 정보의 사실성 외 가짜뉴스 제작·배포의 의도성과 가짜뉴스로 인한 구체적 피해 여부를 가짜뉴스의 개념에 포함시켰다 볼 수 있다. 그러나 이 역시 법률적인 면에서 구체적인 기만 의도나 수반되는 정치·경제적 이익 및 사회적 파급력을 입증하기 어렵다는 점이 문제이다.

최근에는 형식적인 차원에서 사실이 아닌 정보를 통칭하는 허위정보(disinformation)와 뉴스 형식을 가진 협의의 가짜뉴스(fake news)를 구분하고 허위정보는 의도성에 따라 적극적인 기만 의도를 가진 허위정보와 기만 의도가 없는 오정보(misinformation)로 구분한다. 2020년 국회에 제출된 이른바 언론개혁 6개 법안에서도, 법률안에는 "가짜뉴스"라는 용어 대신 "허위조작정보(disinformation)라는 명칭을 사용하였다.

그런데 가짜뉴스 혹은 허위(조작)정보의 문제가 비단 유튜브 플랫폼에서만 일어나는 문제가 아님에도 특히 유튜브가 가짜뉴스와 관련하여 주목받는 이유는 무엇일까? 이는 바로 유튜브의 추천 알고리즘에 의해 정치적 편향성을 띠거나 사실 여부를 판정하기 힘든 뉴스를 접한 이용자들에게 비슷한 성격을 지닌 뉴스들이 지속적으로 공급하는 이른바 '필터버블(Filter Bubble)' 문제를 야기하기 때문이다. 필터버블이란 인터넷 사회운동가 일라이 퍼리셔(Eli Pariser)가 처음 제안한 개념으로, 개인화 알고리즘의 필터링(filtering) 기능이 어떤 개인이 동의하지 않거나 선호하지 않는 정보는 걸러내고(filtering-out) 이미 동의하고 있는 정보에만 노출시킴으로써, 알고리즘이 만든 '버블'에 갇힌 듯한 동질적인 의견집단을 형성하게 하는 현상을 의미한다(Pariser 2011). 필터 버블 현상이 문제시되는 이유는 내부적으로는 집단 내 개인 간 에코 체임버(Echo Chamber; Sunstein 2001)를 형성시켜 집단극화(group polarization; Isenberg 1986)를 유발하기 때문이다. 이러한 집단극화는 사회적으로 보았을 때, 전체 여론 지형을 서로 의견이 다른 집단 간 소통 없는 양극화를 이끌 수도 있다는 점에서(Koene et al. 2017) 정치적 극단주의와 결합한 유튜브 가짜뉴스가 더욱 큰 사회적 문제로 여겨지는 것이다.

유튜브 추천 알고리즘이 실제 정치적으로 치우친 뉴스만을 지속적으로 공급하여 정치적 양극화나 극단주의를 이끄는지는 분명하지 않다. 영국 가디언(Guardian)지와 인터뷰한 프랑스 데이터 분석가인 기욤 샬로(Guillaume Chaslot)는 자신이 개발한 프로그램을 이용하여, 미 대선 당시 공화당, 민주당 후보였던 '트럼프' 혹은 '클린턴'이라는 검색 키워드를 유튜브에 집어넣고 각각 추천되는 유튜브 동영상 1000개를 분석한 결과 약 3분의 2의 동영상이 어느 한쪽 후보를 지지하거나 한 쪽 진영에 편향된 의견을 담은 동영상이 추천됨을 발견하였다(Lewis & McCormick 2018). 반면 오세욱과 송해엽(2018)은 기욤 샬로와 동일한 방식으로 '문재인 대통령', '방탄소년단(BTS)', '유시민', '홍준표', '조국' 5가지 키워드를 이용하여 유튜브 추천 알고리즘을 시뮬레이션(simulation)해 보았다. 그 결과 특정 이슈가 집중적으로 추천되고 있음을 발견하였으나, 기욤 샬롯의 연구와는 달리 이념적 성향에 따라 추천되는 동영상 목록은 크게 달라지지 않음을 발견하였다.

그러나 앞선 연구 모두 결과를 통해 유추 해석이 가능하긴 하지만, 추천 알고리즘이 구체적으로 어떻게 작동하는지 파악하는 데는 한계가 있다. 사실 유튜브가 자체 알고리즘을 외부에 투명하게 밝히지 않는 한 그 작동 원리를 아는 것은 거의 불가능하고 이러한 불투명성으로 인해 유튜브 알고리즘의 문제점을 검증하기도 힘들고 게다가 어떤 문제가 발생했을 때 그 책임을 묻기도 어렵다는 점이 문제의 본질이라 할 수 있을 것이다. 특히 이러한 유튜브 추천 알고리즘이 맞춤형 콘텐츠를 제공하기 위해 우리의 개인정보를 이용한다는 사실에서 그 문제의 심각성이 더 크다 할 수 있다. 즉 우리의 개인 정보가 어디까지 수집되고 무슨 목적을 위해 사용되는 지 알 수 없다는 것이다. 결론에서는 앞서 언급한 유튜브 저널리즘과 관련된 다양한 문제점들(가짜뉴스, 알고리즘의 불투명성, 개인정보 침해)을 해결하기 위한 시도로서 정부·기업·시민 각 주체의 정책적·기술적 협력체계(거버넌스)를 어떻게 구축해야하는가에 대한 몇 가지 제안으로 이 장을 마치고자 한다.

3. 결론:
유튜브 저널리즘 문제 해결을 위한 거버넌스(governance)

유튜브 저널리즘은 기존 레가시 미디어의 신뢰 상실과 권위 하락에서 비롯되기도 했지만, 동시에 레가시 미디어의 대응과 변화를 야기하고 있다. 따라서 유튜브 저널리즘의 등장으로 발생한 새로운 문제들을 해결하기 위해서는 기존과 다른 새로운 미디어 거버넌스가 필요한 시점이라 할 수 있다.

거버넌스 개념은 국가·사회적 문제를 해결하기 위한 다양한 방법을 포괄하는 개념으로 폭넓게 사용되고 있다. Pierre(2007)는 거버넌스를 공통의 문제 해결을 위한 문제 조정방식에 따라 올드 거버넌스(old governance)와 뉴 거버넌스(new governance)로 분류한다. 올드 거버넌스에서는 조정과정에서 정부가 조정의 주체로서, 시민사회는 조정의 대상으로 여겨지지만 뉴 거버넌스에서는 시민사회와 국가 간 수평적인 관계 속에서 대화, 협상, 타협을 통해 문제를 해결해나간다.

현 시기는 사회의 각 분야가 디지털 테크놀로지(digital technology)를 이용해 데이터 공유를 기반으로 서로 촘촘하게 연결된 복잡한 '초연결 스마트사회(Hyper-connected smart society)'라고 정의되는데 이러한 복잡한 사회에서는 국가가 모든 일에 개입해 해결하는 것이 불가능하다는 점에서 국가와 시민사회의 유기적인 협력이 강조되는 뉴 거버넌스가 보다 더 효과적일 것이라 생각한다. 따라서 결론에서는 유튜브 저널리즘 문제의 당사자로서의 언론사, 정부, 시민이 문제 해결을 위해 각자가 할 수 있는 역할은 무엇이 있을 수 있고 서로 어떻게 협력해나가는 것이 바람직한지, 즉 어떠한 '거버넌스'를 구성해야하는지 논의하기로 한다. 유튜브 저널리즘과 관련된 모든 문제를 해결할 수 있는 거버넌스에 대해 논의하는 것은 이 글의 범위를 넘어서는 일일 것이다. 따라서 하나의 사례로서 가짜뉴스 문제 해결을 위해 어떠한 거버넌스가 필요한지만 간략히 언급하고자 한다.

앞서 언급했듯이 정부는 가짜뉴스 규제를 위해 다양한 방법을 모색하고 있다. 정부의 규제방식은 형사 처벌 중심의 사후규제와 포괄적 사전규제 크게 두 방향으로 나누어 볼 수 있다. 일단 형사 처벌 중심의 사후규제 방식에서는 가짜뉴스 생산 및 유통 주체, 가짜뉴스 내용의 허구성 정도, 가짜뉴스 형식의 오인 가능성, 수용자 속성 및 예상되는 폐해 정도 등을 고려해 위법성 구성요건 등을 명시하고 이를 바탕으로 기존 법률에 근거해 명예훼손이나 경제적 피해 배상 등 가해자에 대한 처벌 중심의 규제를 강화하는 한편, 관련 법 규정을 재정비하는 방식을 택한다. 그러나 이러한 방식은 구체적인 타인의 법익 침해가 명확하지 않은 가짜뉴스를 처벌하기 어렵고 가짜뉴스 확산 억지 효과가 미약하다는 비판이 있다.

포괄적 사전 규제 방식에서는 실제 피해자가 특정되지 않더라도 '공익' (public interest)을 저해할 수 있거나, 언론 보도로 속이는 메시지의 제작 및 유포하는 행위를 적극적으로 처벌한다. 인터넷서비스사업자의 알고리즘을 통해 가짜뉴스가 전달된다는 점을 고려해 편집권을 행사한 인터넷사업자에게도 법적 책임을 지울 수도 있다는 주장이 대표적이라 할 수 있다(오세욱 2017). 그러나 윤성욱(2019)은 이러한 포괄적 사전규제 방식에 대하여 사상의 자유를 침해할 수 있는 일종의 사전검열이고 보호해야 할 사회적 법익, 공익의 개념이 모호하고 이러한 개념적 모호성으로 인해 중복 규제와 행정력 낭비가 우려되며 규제 기관 권한 확대와 서비스 제공업자에 대한 의무 확대로 시장 위축이 우려된다고 지적하고 있다.

물론 모든 정부 정책이 완벽할 수는 없을 것이다. 그러나 가장 큰 문제는 정부의 가짜뉴스 규제를 위한 정책적 방향이 정부 주도의 올드 거버넌스에 기대고 있다는 점이다. 즉 시민사회를 단순히 규제와 단속의 대상으로 보고 언론과 시민사회의 역할, 협의를 통한 자발적인 개선 과정이 미약하다는 점이다. 특히 유튜브 저널리즘과 같이 뉴 미디어 현상에 대응하기 위해서는 새로운 문제에 조응하는 새로운 거버넌스가 더욱 요청된다고 할 수 있다.

이러한 방향에서 많은 학자들은 가짜뉴스에 대한 시민사회의 자율규제 그리고 이에 대한 정부의 장려·지원·협의·감독 방식의 거버넌스가 바람직하다고 지적하고 있다(최지수·윤석민 2019). 유튜브 저널리즘의 등장이 일정 부분 기존 레거시 미디어에 대한 신뢰 추락에서 기인한만큼 언론사는 대중으로부터의 신뢰 회복을 위한 자구노력이 필요하다. 언론의 가짜뉴스 단속을 위한 자발적 움직임으로 '팩트체크' 활동을 들 수 있는데, 한겨레신문의 '백·알·맞', 서울신문의 '사실과 진실', KBS-연합뉴스-뉴스톱의 '팩트체크' 등이 그 사례이다. 또한 방송·통신업자들은 가짜뉴스에 대한 자체 차단기준(가이드라인)을 마련하고 있으며, 인터넷서비스 사업자들(ISP)은 허위정보를 차단하거나 걸러낼 수 있는 필터링 알고리즘 기술을 개발하고 있다. 또한 2009년 창립된 한국인터넷자율정책기구(Korea Internet Self-governance Organization: KISO)에서는 2018년 가짜뉴스를 규제 범위에 포함하여 자율규제를 주도하고 있다.

이러한 정부와 언론의 노력이 결실을 얻기 위해서는 시민의 고양된 미디어 리터러시(media literacy) 역량이 전제되어야 한다. 이런 면에서 온라인 정보에 대한 시민들의 비판적 사고 함양을 위해 시민 사회단체와 팩트체커를 통해 학교 및 교육자에게 미디어 리터러시 교육을 제공하고 '미디어 리터러시 위크(European Week of Media Literacy)'를 개최하고 있는 유럽연합(EU)의 정책적 노력을 우리도 참고할 필요가 있어 보인다.

참고문헌

김원·박준용·변지민. 2018. "동성애, 난민 혐오 '자짜뉴스 공장'의 이름, 에스더." 한겨레.

닐슨코리아. 2019. 『2019 NEWS MEDIA REPORT-새로운 뉴스 생태계, YouTube Journalism』 닐슨코리아.

류승희·정정주. 2020. "팩트체크 현황과 이슈에 대한 네트워크 분석: 코로나19를 중심으로." 『사회과학 담론과 정책』 13(2). 271-298.

마정미. 2020. "유튜브 저널리즘과 공론장 (public sphere) 에 관한 연구." 『한국소통학보』 19(1). 217-246.

박상현. 2019. "유튜브 저널리즘 시대, 세 가지를 준비하세요. 〈유튜브 저널리즘의 시대〉." 10-23. 미디어오늘.

양선희. 2020. "유튜브 저널리즘의 시대, 전통적 저널리즘의 대응현황과 과제." 『사회과학연구』 31(1). 245-262.

오세욱. 2017. "자동화된 사실 확인(fact checking) 기술(technology)의 현황과 한계." 『사이버커뮤니케이션학보』 34(3). 137-180.

오세욱·송해협. 2019. 『유튜브 추천 알고리즘과 저널리즘』 한국언론진흥재단 연구서 2019-04.

유용민. 2019. "유튜브 저널리즘 현상 논쟁하기: 행동주의의 부상과 저널리즘의 새로운 탈경계화." 『한국방송학보』 33(6). 5-38.

윤성옥. 2018. "가짜뉴스의 개념과 범위에 관한 논의." 『언론과 법』 17(1). 51-84.

이상우. 2019. 『유튜브와 허위정보』 한국방송학회·한국심리학회 세미나 "유튜브와 정치 편향성, 그리고 저널리즘의 위기" 세미나 자료집, 6-31. 2019. 8. 21. 프레스 센터.

정원엽. 2020. "처음 공개된 유튜브 실적… 광고 매출만 연 18조원, 네이버의 3배." 중앙일보.

정진영. 2008. "〈유튜브〉 인수한 구글 속이 터져요." 조선비즈.

정철운. 2018. "가짜뉴스·유튜브·극우보수와 저널리즘." 『인물과 사상』 247. 168-183.

최지수·윤석민. 2019. "가짜뉴스 거버넌스: 정부규제, 자율규제, 공동규제 모형에 대한 비교를 중심으로." 『사이버커뮤니케이션학보』 36(1). 127-180.

한국언론진흥재단. 2019. 『디지털 뉴스 리포트 2019』 서울: 한국언론진흥재단.

황용석·권오성. 2017. "가짜뉴스의 개념화와 규제수단에 관한 연구: 인터넷서비스 사업자의 자율규제를 중심으로." 『언론과 법』 16(1). 53-101.

Bardoel, J. 1996. "Beyond journalism: A profession between information society and civil society." *European Journal of Communication.* 11, 283-302.

Fink, K. & Schudson, M. 2013. "The rise of contextual journalism, 1950s.2000s." *Journalism. 15(1),* 3.20.

Isenberg, D. J. 1986. "Group polarization: A critical review and meta-analysis." *Journal of personality and social psychology.* 50(6), 1141.

Kenix, L. J. 2011. *Alternative and mainstream media: The converging spectrum.* London and New York: Bloomsbury Academic.

Kim, J. 2012. "The institutionalization of YouTube: From user.generated content to professionally generated content." *Media, Culture & Society.* 34(1), 53-67.

Koene, A. 2017. "Algorithmic bias: addressing growing concerns." IEEE *Technology and Society Magazine.* 36(2), 31-32.

Lewis, P. & McCormick, E. 2018.2.2. *How an ex-YouTube insider investigated its secret algorithm.* The Guardian. Retrieved from https://www.theguardian.com/technology/2018/feb/02/youtubealgorithm-election-clinton-trump-guillaume-chaslot

Mcnair, B. 2009. "Journalism in the 21st century.evolution, not extinction." *Journalism.* 10(3), 347-349.

Pariser, E. 2011. *The filter bubble: What the Internet is hiding from you.* UK: Penguin.

Pew Research Center (July, 2012). *YouTube and news.* Pew Research Center Report. https://www.journalism.org/2012/07/16/youtube.news/

Pierre, J. (Ed.). 2000. *Debating governance: Authority, steering, and democracy.* OUP

Oxford.

Schudson, M. 2011. *The sociology of news.* New York: W.W. Norton & Company.

Sunstein, C. R. 2001. *Republic.com.* Princeton, NJ: Princeton University Press.

Tuchman, G. 1978. *Making news: A study in the construction of reality.* New York: Free Press.

Uzelman, S. 2011. "Dangerous practices: Determinism of technique in alternative media and their literature." *International Journal of Media and Cultural Politics.* 7(1), 21-36.

제7장

정보통신기술을 활용한 로컬거버넌스 구축 사례연구: 타운미팅의 실험

정수현

명지대학교 미래정책센터

이 글의 초고는 2018년 한국정당학회 하계학술회의에서 발표된 것이다.

1. 서론

 전 세계적으로 시민들이 직접 정책결정과정에 참여하는 로컬거버넌스 구축에 대한 요구가 증가하고 있다. 이는 현대민주주의가 가지는 다음과 같은 문제에서 기인한다. 첫째, 대의민주주의에서 의미 있는 선거가 되기 위해서는 시민들이 선거에 출마한 후보자들이나 소속 정당들이 어떤 정책을 제시하는 정확한 정보를 가지고 이를 심사숙고해서 후보자 혹은 정당을 선택해야 한다. 하지만, 많은 유권자들이 정치적 선택에 필수적인 정보를 가지지 못할 뿐만 아니라 정치에 대한 관심도 적은 편이다. 둘째, 시민들이 정치적 요구를 대변하고 실행하기 선출된 정책결정자들이 유권자가 아닌 자신들의 사익을 추구하거나 소통의 부족으로 인해 유권자의 요구를 정확히 파악하지 못하고 있다. 이에 따라 유권자들과 정책결정자들의 거리가 점차 커지고 정책결정과정에서 유권자들의 의견이 반영되지 못하면서 정치에 대한 냉소주의와 불만이 만연하게 되는 것이다.

이러한 문제를 해결하기 위해 많은 학자들은 시민들이 직접적으로 정책결정과정에 참여할 수 있어야 한다고 주장한다(Pateman 2012; Ostrom 1990). 하지만, 이를 위해서는 고대 아테네의 민회와 같이 수많은 시민들이 한자리에 모여서 자신의 견해를 밝히고 이에 대해 참석자들이 토의할 수 있는 여건이 마련되어야 한다. 그러나 현실적으로 수십만 명 이상이 거주하는 현대의 도시에서는 이 같은 조건을 만족시킨다는 것이 물리적으로 불가능하다. 만일 이러한 공론장이 마련되지 않은 채 시민들이 주어진 의제에 대한 투표만을 한다면, 시민들은 한정된 안건에 대한 단순한 거수기의 역할만을 수행할 수밖에 없다. 또한 공동체 의식이 약한 오늘날의 시민들이 합리적인 토의가 활성화되지 못한 상태에서 투표로 정책을 직접 결정하게 한다면 그룹 간에 감정적인 충돌이나 다수에 의한 소수에 대한 억압 등 더욱 심각한 문제도 발생할 수 있다(Ackerman and Fishkin 2002).

정보통신에 대한 낙관주의적 의견을 가진 학자들은 정보통신의 발전으로 공론장의 물리적 한계가 극복되면서 다수의 시민들이 다른 시민들과 정보와 견해를 활발하게 교환할 수 있을 뿐만 아니라 이러한 상호작용을 통해 공공선을 위한 결정을 내릴 수 있을 것이라고 주장한다(박승관 2000; 홍성구 2001; 김은미·이준웅 2006). 반면에 회의론자들은 인터넷 공간이 정책에 대한 합리적인 숙의가 있는 공론장이 되기보다는 개인의 견해를 감정적으로 분출하는 해방의 공간이 되는 경향이 강하며, 시민들 간에 이성에 기초한 상호 이해와 쌍방향적인 대화가 활발히 이루어지는 것이 아니라 일방적인 주장과 비판이 많아지면서 사회적 갈등이 조장될 가능성이 높다고 지적한다(김종길 2005; 이종혁·최윤정 2012).

그렇다면 로컬거버넌스 차원에서 정보통신기술을 활용할 경우 어떠한 결과가 발생할 것인가? 이 경우에도 여전히 시민들 간의 갈등이 고조될 것인가 아니면 참여자들 간의 상호교류와 쟁점에 대한 숙의를 통해 사회적 합의를 이룰 수 있을 것인가? 이러한 질문에 대답하기 위해서 본 연구는 브라질의 남부 도시 벨로 호리존테(Belo Horizonte)에서 도입한 디지털참여예산제(Digital Participatory Budget)와 미국 워싱턴 D.C.와 뉴욕시에서 아메리카스픽스((AmericaSpeaks)의 주도로 실시된 21세기 타운미팅(21st Century Town Meeting)을 숙의민주주의 관점에서 분석하고자 한다. 전자는 포르투알레그리(Porto Alegre)의 주민참여예산제(participatory budgeting)를 온라인 참여로 대체하려했으며, 후자는 네트워크 컴퓨터, 무선 키패드, 비디오 스크린 등의 정보통신기기를 사용하여 뉴잉글랜드의 타운미팅을 재현시키고 숙의를 통한 쟁점에 대한 합의를 도모하려고 했다. 본 연구는 두 개의 모형에 대한 제도적 평가와 토의과정에 대한 다른 연구자들의 분석을 검토함으로써 정보통신을 활용한 로컬거버넌스 구축이 숙의민주주의를 가능케 하는지를 알아보고자 한다.

　이 글의 구성은 다음과 같다. 제2장에서는 숙의민주주의의 핵심적인 개념들을 논의하고 정보통신을 이용한 사이버공론장에 대한 지금까지들의 논의들을 다룰 것이다. 제3장에서는 숙의민주주의를 위한 제도적 조건들을 제시할 것이다. 제4장에서는 정보통신을 활용한 로컬거버넌스의 사례로 디지털참여예산제와 21세기 타운미팅을 소개하고, 이러한 정책적 실험들을 통해 얼마나 숙의민주주의의 조건들이 충족되었는지 알아볼 것이다. 제5장에서는 두 사례의 연구결과들을 토대로 정보통신의 발전이 로컬거버넌스와 숙의민주주의에 던지는 정책적인 함의를 논할 것이다.

2. 숙의민주주의와 정보통신기술의 발전

1990년대 이후 하버마스(Habermas)의 민주주의 이론을 토대로 숙의민주주의에 대한 이론적, 경험적 연구들이 활발히 진행되고 있다. 숙의민주주의를 지지하는 학자들은 숙의민주주의를 통해 유권자들이 공공선을 위한 합리적인 정책을 선택할 수 있을 것이라고 주장한다(Gutmannn and Thompson 1994; Fishkin 1995; Chambers 2003; Deli Carpini et al. 2004). 정책을 숙의하는 공론에 참여한 시민들은 정책에 관련된 많은 정보에 접근하고 다른 사람들의 다양한 시각을 접할 수 있어 새로운 정보와 지식 창출이 가능할 뿐만 아니라 종전에 가졌던 정책선호나 견해에 대해 비판적으로 성찰할 수 있는 기회를 가지게 된다는 것이다(문태현 2011). 또한, 이러한 이론적 주장을 기반으로 공론조사(deliberative polling), 시민의회(citizen's assemblies), 시민배심원제(citizens' juries) 등이 각국의 정책에 도입되거나 확대되고 있다.

숙의민주주의는 단순히 정책결정과정에서 시민들의 참여를 확대시키는 것보다 정책결정과정에서의 정책에 대한 숙의가 잘 이루어졌는지를 더욱 강조한다는 점에서 직접 혹은 참여민주주의와는 다르다(Pateman 2012; Chambers 2003, 316-317). 즉, 참여의 양보다는 참여의 품질을 더욱 중시 여기는 것이다. 그렇다면 대체 숙의는 무엇을 의미하며 왜 숙의민주주의를 통해 현대 민주주의들의 문제점들이 개선될 것이라고 여겨지는가? 그리고 과연 정보통신기술의 발전이 정책결정과정에서의 숙의를 강화하는 데 도움을 줄 것인가? 다음에서는 이러한 질문에 대해 대답하기 위해서 선행연구들을 검토하고자 한다.

1) 숙의의 정의와 효과

현대 민주주의 체제에서 사회적 갈등이 지속하고 시민들의 합의가 어려운 이유는 군중심리와 현대사회 특유의 문화다원주의에서 비롯된 것이다. 직접민주주의를 시행했던 고대 아테네에서는 시민들이 동일한 신앙과 가치관을 공유하고 있었기 때문에 정책에 대한 시민들의 대립은 일시적인 것이고 지금처럼 견고하지 않았으며, 정책사안마다 시민들의 대립양상과 대립진영의 구성도 변했다(김주성 2008). 하지만 다양한 가치관과 이해관계를 가진 매우 이질적인 시민들로 구성된 현대의 다원주의 사회에서는 정치적 대립이 지속적일 수밖에 없다. 정책쟁점에 따라 시민들의 선호도는 다양한 모습으로 재편성되지만 정책 선호는 본래의 정치성향과 상당부분 일관성을 지니게 되는 것이다(김주성 2008).

많은 학자들은 숙의민주주의의 도입을 통해 현대 민주주의의 문제점들이 개선될 수 있을 것이라고 기대한다. 숙의민주주의는 사회의 공적업무에 대해 시민들이 이성적 토론을 통하여 문제해결에 함께 참여하는 제도로서 투표 중심의 민주주의가 소통 중심의 민주주의로 대체되는 것을 의미하는 것이다(Chambers 2003; Cohen 1997; 문태현 2011).

그렇다면 숙의민주주의 옹호론자들이 주장하는 숙의란 무엇을 의미하는 것인가? 숙의란 정책쟁점에 대해 이성적이고 논리적으로 검토하고 상대방의 의견을 경청하며 공공선을 고려하는 공적인 판단을 내리는 것을 의미한다(Cohen 1997; Fishkin 1995; Yankelovich 1991). 시민들은 상호 간에 평등하고 개방적이며 합리적인 논쟁을 통해 타인과 사회 전체를 위한 공익에 대해서 공감할 수 있다는 것이다. 이러한 점에서 단순한 토론이 상대방을 설득시키기 위해서 서로의 의견을 교환하는 과정이라면,

숙의는 참여자들이 상호 이해를 통해 다양한 시각들을 조화시키며 공동체를 위한 최선의 해결책을 찾아가는 과정이라고 할 수 있다(이종혁·최윤정 2012, 414). 그러므로 시민들은 숙의를 통해 정책에 대해서 깊이 이해하고 상대방에 대한 관용을 가지게 됨으로써 사회 전체의 이익을 고려하는 정책적 합의를 할 수 있을 것으로 기대된다.

2) 정보통신기술의 발전과 숙의민주주의

정보통신기술의 발전이 숙의민주주의 발전에 기여할 것이라는 낙관론은 인터넷으로 대변되는 정보통신기술이 제공하는 참여의 개방성과 쌍방향성에 주목한다. 시민들이 익명으로 시공간과 외부의 제약 없이 정책쟁점에 대한 토론에 참여하여 자신의 의견을 개진하고 상대방과 실시간으로 대화를 할 수 있게 되며, 정보통신을 통해 자유로운 토론이 활성화되면서 다양한 정보과 의견이 교환되고 '공공선'을 위한 의사결정이 이루어질 수 있을 것으로 기대할 수 있다는 것이다(이종혁·최윤정 2012; 홍성구 2001). 한국의 정책결정자들도 이러한 낙관론을 토대로 정보통신기술을 활용한 e-거버넌스를 구축하여 정책결정과정에서 시민들의 참여를 확대하고자 한다(문신용 2009; 김용철·윤성이 2005). 이는 e-거버넌스를 통해 정부와 시민 간의, 또는 시민과 시민과의 의사소통이 활성화됨으로써 정책결정과정이 투명화되고 정부의 책임성과 시민들의 정책적 요구에 대한 반응성이 증가할 것이라고 기대하기 때문이다(윤상오 2003; 조화순·송경재 2004).

하지만 많은 학자들은 이러한 낙관론에 대해 다음과 같은 이유로 회의적인 반응을 보인다. 우선, 온라인 포럼에서의 토의가 성찰적이기보다는 일반적인 자기주장만이 되풀이되며 논리보다는 감정적인 호소에 치우치는 경향이 강하다(Dahlberg 2001; 김종길 2005). 둘째, 많은 온라인 포럼에서 참여자들이 상대방의 의견을 존중하지 않고 타인에 대하여 비하하거나 욕설을 던지는 경우가 빈번해지면서 합의보다는 갈등이 조장될 가능성이 높아지게 된다(김종길 2005; 윤영철 2000). 셋째, 가상공간에서 참여자들의 신원과 정보의 정확성을 검증하기 어렵다(Dahlberg 2001). 이러한 이유로 회의론자들은 정보통신기술의 발전이 숙의민주주의를 확대시키는 것이 아니라 오히려 사회적 양극화와 포퓰리즘을 조장할 것이라고 주장한다(김종길 2005; 이종혁·최윤정 2012; Sunstein 2002).

3. 로컬거버넌스에서 숙의민주주의를 구현하기 위한 제도적 조건

로컬거버넌스에서 숙의민주주의가 구현되기 위해서는 어떠한 제도적 조건들이 마련되어야 하는가? 하버마스에 따르면 시민들이 자유롭고 평등하게 개인의 의견을 밝히고, 서로에 대한 존중을 바탕으로 이성적인 논의를 통하여 공적인 사안에 대해서 합의를 달성하는 공론장(Public Sphere)이 우선적으로 필요하다(Habermas 1991; 1998). 공론장이란 사적 세계와 공적 정치체제에 대해 열려 있는 공간으로서 시민들의 자유롭게 대화를 할 수 있는 곳이다(Habermas 1991; 1998). 따라서 로컬거버넌스가 시민들에게 숙의가 가능한 공론장을 제공할 때, 정책에 대한 심도 깊은 논의와 사회적 합의의 가능성이 높아진다고 볼 수 있다. 이러한 공론장이 마련될 수 있는 조건들을 세 가지 측면에서 살펴보면 다음과 같다.

첫 번째로 정책을 결정하는 토의 과정이 모두에게 개방적이고 참여자들이 자신의 의견을 자유롭게 발표할 수 있는 환경이 조성되어야 한다. 즉, 정책에 영향을 받을 수 있는 모든 시민들에게 토론에 참여할 수 있는 동등한 기회가 주어져야 하고, 어떠한 참여자들도 배제시키는 사전조건이 없어야 한다는 것이다(Cohen 1997; 윤영철 외 2010). 공론장이 개방적이고 자유로운 환경을 가져야 다양한 의견들이 제시될 수 있고, 시민들로부터 정책결정의 정당성을 인정받을 가능성이 높아질 수 있다.

두 번째로 정책결정을 논의하는 과정에서 참여자들의 숙의가 있어야 한다. 숙의는 사안에 대한 심도 깊은 조사와 다른 의견을 경청하고 사회적 맥락에서 정책적 의견들과 가치들을 성찰한 후에 합리적인 판단에 따라 공익을 반영하는 결정을 내리는 것을 의미한다(Dahlberg 2001; 윤영철 외 2010). 앞서 지적한 바와 같이 숙의가 확보되지 않은 상태에서의 논의는 참여자들 간의 이성적 합의보다는 감정적 충돌이 발생하기 쉽고 공익보다는 사익의 실현을 추구하는 경향이 나타날 것이다(주성수 2007).

세 번째로 숙의를 통한 시민들의 결정이 실제 정책에 반영될 수 있어야 한다. 정책적 실효성이 높아야 시민들의 자발적인 참여와 관심이 증가할 수 것이다. 만일 숙의를 통해 결정된 사회적 합의가 정책에 반영되지 않는다면 거버넌스의 정당성이 약해지고 정책결정에 대한 불신과 무관심이 확대될 수밖에 없다.

4. 해외사례연구

1) 디지털주민참여예산제

주민참여예산제는 포르투알레그리에서 최초로 실시되었다(Abers 1998; 나중식 2004). 1988년 노동자당 소속으로 포르투알레그리 시장으로 당선된 올리비오 두투라(Olivio Dutra)는 시의 고질적인 경제적 불평등 문제를 해소하기 위해서 도시의 기반시설과 복지 등의 예산을 주민들이 직접적으로 결정하도록 한 것이다(Abers 1998). 주민들은 16개 지역에서 개최하는 지역회의(regional popular assembly)와 주제회의(thematic popular assembly)에 직접 참석하여 지역의 예산과 시의 정책에 대한 우선순위를 결정하였으며, 지역예산포럼(regional budget forum) 및 주제예산포럼(thematic budget forum)과 참여예산평의회(council of the participatory budget)에 참석하여 지역의 여론과 결정사항을 전달할 대표자들과 평의원들을 선출한다. 평의원들은 7월부터 10월까지 열리는 참여예산평의회에서 각 지역의 요구사항을 조정하고 예산안을 확정한다. 이렇게 결정된 예산안은 시장에게 제출하고, 시의회는 이를 토대로 최종적으로 시의 예산을 결정한다(Pateman 2012; Abers 1998; 나중식 2004).

2006년 브라질의 남부 도시 벨로 호리존테는 기존에 실시되던 주민참여예산제와 병행하여 온라인 투표를 도입한 "디지털주민참여예산제"를 실시했다(Sampaio et al. 2011, 5). 벨로 호리존테 시민은 지역회의에 참여하지 않아도 디지털주민참여예산제 웹사이트(http://opdigitial.pbh.gov.br)에 접속해서 시 정부가 제안한 1,125만 미국 달러 규모의 36개 프로젝트 중에서 최대 9개까지 선택할 수 있도록 했다. 시민들은 웹사이트에서 각 프로젝트에 대한 기본적인 정보(비용, 지역 등)을 얻을 수 있었으며 이메일과 토론방 등의 서비스를 이용할 수 있었다(Sampaio et al. 2011, 5).

디지털주민참여예산제는 2008년에 다시 실시되었는데, 이번에는 시민들이 도로 건설과 관련된 5개의 프로젝트 중에서 하나를 선택할 수 있었다. 각 프로젝트는 2,200만 달러 규모로 그 이전보다 예산 규모가 매우 커졌으며 시 정부는 웹사이트를 통해 각 프로젝트가 가져올 효과, 비용, 교통 편익, 수혜자 등에 관한 상세한 정보를 제공했다. 시민들은 웹사이트에서 도로 건설 전후의 그림을 비교할 수 있었으며, 프로젝트로 인한 효과에 관한 비디오를 시청할 수 있었다. 또한 웹사이트들은 시민들의 참여를 확대하는 두 가지 기능을 추가했다. 하나는 시민들이 무기명으로 자신의 의견을 웹사이트에 적을 수 있게 하였으며, 다른 하나는 예산을 책임지는 부서의 공무원에게 직접적으로 질문하고 제안 및 비판을 할 수 있는 대화(chat) 기능을 마련한 것이다(Sampaio et al. 2011, 5-6).

그렇다면 이러한 벨로 호리존테시의 디지털참여예산제는 얼마나 숙의민주주의의 기준에 부합하고 있는가? 첫째, 시민들은 인터넷을 통해 정책결정과정에 참여할 수 있는 거의 동등한 기회를 가질 수 있었다. 물론, 저소득층 계층들이 인터넷에 접속하기 어렵다는 문제가 있었지만, 시는 이를 최소화하기 위해 시 정부는 시 전역에 투표단말기를 설치하였으며 협동조합과 학교 등도 공식적인 투표 장소로 지정했다(Sampaio et al. 2011, 5). 그 결과 〈표 1〉에 보는 것과 같이 2006년 디지털참여예산에 참여한 시민들의 수는 전통적인 오프라인에서 실시한 주민참여예산제에 참석한 시민들의 수보다 다섯 배 이상 많았다. 2008년에 실시한 디지털

<표 1> 디지털참여예산제 참석인원과 예산

	2006 오프라인	2006 온라인	2008 오프라인	2008 온라인
참석자수	33,643명	172,938명	44,000명	124,320명
예산(US백만달러)	44.4	11.1	44.4	22.2

출처: Sampaio et al. 2011, 6.

참여예산제 참여율은 2006년보다 적었지만 여전히 전통적인 주민참여예산제 참여율보다는 훨씬 높았다(Sampaio et al. 2011, 5-6).

　둘째, 시민들이 웹사이트에 작성한 메시지에 대한 삼파이오(Rafael Cardoso Sampaio)와 동료들의 분석에 따르면 온라인 토의의 숙의 정도는 낮은 것으로 평가할 수 있다. 가장 큰 문제는 시민들이 일방적으로 웹사이트에 메시지를 남겼을 뿐이며 이에 대한 논의를 발전시키지 않았다는 것이다. 삼파이오 연구진들이 분석한 총 375개의 메시지 중에서 대화성(dialogical) 메시지는 112개(29.87%)인 반면에 독백성(monological) 메시지는 266개(70.93%)였다(Sampaio et al. 2011, 14-15). 즉, 약 70%의 작성자가 예산과 관련하여 자신의 의견을 적은 후에 다시 어떤 글도 남기지 않았다는 것으로서 다른 참석자들과 대화할 의지를 보이지 않은 것이다. 또한 웹사이트에 있는 메시지를 읽고 이에 설득되거나 논의를 더욱 발전시킨 참여자의 비율도 각각 2.6%와 17.6%로 매우 낮은 편이었다(Sampaio et al. 2011, 14). 이는 웹사이트에 메시지를 남긴 참여자들이 다른 참여자들의 의견을 읽고 이를 받아들이거나 자신의 의견을 발전시키기보다는 자신의 의견을 밝히고 이에 대한 정당성을 얻고자만 하였다는 것을 의미한다. 다만, 웹사이트 내에서의 예의를 잘 지켜지는 편이었다. 참여자들이 욕설이나 비방 등의 무례한 메시지를 남긴 경우는 23건(6.1%)에 불과했다. 이는 대부분의 참여자들이 실명으로 글을 작성했기 때문에 가능했던 것으로 유추해 볼 수 있다(Sampaio et al. 2011, 14).

2) 21세기 타운미팅

1620년대 매사추세츠 베이 식민지(Massachusetts Bay Colony)에서 유래한 타운미팅은 각 타운에 사는 주민들이 모여 조례(bylaws)와 예산을 직접 결정하는 지역 의회의 역할을 수행한다. 현재 뉴잉글랜드 지역인 매사추세츠, 매인(Maine), 뉴햄프셔(New Hampshire), 버몬트(Vermont), 로드아일랜드(Rhode Island), 코네티컷(Connecticut)에서 타운미팅이 실시되고 있으며, 이 지역에서는 주 법에 따라 일 년에 적어도 한 번의 타운미팅이 개최되어야 한다(DeSanits and Hill 2004, 167).

현재 타운미팅이 가지는 직면한 가장 큰 문제는 타운미팅에 참여하는 시민들의 수가 계속적으로 줄어든다는 것이다. 드산티스(Victor S. DeSantis)와 힐(David Hill)의 연구에 따르면 1996년 매사추세츠 지역에서 유권자 등록을 한 시민들의 평균 타운미팅 참여율은 7.6%에 불과했다(DeSanits and Hill 1997). 이처럼 타운미팅의 참여율이 저조한 이유로는 인구 증가와 잦은 이사, 계층 분화 등에 따른 낮은 공동체 의식, 타운미팅 참여를 위한 높은 시간적 비용, 정치효능감의 저하 등이 거론된다(Desantis and Hll 2004).

루켄스미어(Carolyn Lukensmeyer)가 조직한 비영리조직인 아메리카스픽스는 전자통신을 통해서 전통적인 타운미팅의 단점을 보완하고 시민들의 참여를 촉진할 수 있을 것이라고 기대하고 21세기 타운미팅을 제안하고 이를 워싱턴 D.C와 뉴욕 등에서 실시한다(Lukensmeyer and Bringham 2002; D'Agostino et al. 2006).

우선, 21세기 타운미팅이 채택한 주요 방법은 다음과 같다. 우선 인구
학적으로 다양한 배경을 가진 10명에서 12명의 소그룹으로 구성하여 주
제에 대하여 논의한다. 각 그룹에는 훈련 받은 조력자(facilitator)가 함께
참석하여 정책의 주요 이슈를 소개하고 심도 있는 토의를 촉진한다. 두
번째로 각 그룹에는 네트워크 컴퓨터가 테이블에 설치되어 있어서 그룹
의 주요 견해를 입력하거나 다른 그룹의 의견과 투표 현황을 볼 수 있도
록 한다. 세 번째로 테마팀(theme team) 멤버들은 모든 그룹에서 작성된
메시지를 읽고 이를 바탕으로 주요 이슈 혹은 메시지를 작성한다. 이렇게
작성된 주요 쟁점은 타운미팅이 열리는 장소에 모두 공개하여 참석자들
이 이에 대하여 응답하거나 투표할 수 있도록 한다. 네 번째로 타운미팅
참석자 모두에게 쟁점에 대한 투표를 하거나 다른 참석자들에 대한 자신
의 입장을 밝힐 수 있는 무선 키패드가 주어진다. 이 키패드들은 또한 참
석자들의 의견을 연령이나 성별 등 인구학적으로 분류할 수 있도록 해 준
다. 마지막으로 타운미팅 장소에 커다란 스크린이 설치되어서 실시간으
로 정책에 관한 데이터, 쟁점, 정보 등과 함께 참석자들의 전체적인 견해
를 공개한다(Lukensmeyer and Bringham 2002, 353-354).

이처럼 21세기 타운미팅은 컴퓨터, 키패드, 비디오 등의 정보통신 기
기들을 이용하여 참석자들이 소규모 그룹에서 심도 깊은 논의를 진행하
면서도 대규모의 전체 참석자들과 서로 의견을 교환할 수 있도록 한 것이
다. 또한 참석자들이 정책 쟁점에 대한 숙의를 할 수 있도록 소그룹 토론
을 기반으로 했을 뿐만 아니라 토론을 원활히 진행할 수 있는 중재자를
두었다.

21세기 타운미팅은 실제로 워싱턴 D.C.와 뉴욕 등에서 예산과 그라
운드 제로(Ground Zero)의 재건축을 결정하기 위해서 도입되었다. 우

선 워싱턴 D.C.에서는 1998년 윌리엄스(Anthony Williams) 시장이 정부의 책임성을 높이고 정책 서비스를 개선하기 위해서 아메리카스픽스와 네이버후드액션이니셔티브(Neighborhood Action Initiative)와 함께 21세기타운미팅을 기반으로 한 시민정상회의(Citizen Summit)를 실시하였다. 1999년 제1차 시민정상회의에서는 3,000명의 시민들이 참석하여 시가 전략적으로 집중해야 할 정책분야에 대해서 논의하였고, 2000년 초의 후속회의에서는 1,500명의 참석자들이 시의 계획을 검토하고 각자가 거주하는 지역 커뮤니티의 우선순위를 알렸다. 이러한 시민정상회의 참석자들의 요구사항을 바탕으로 시의 예산이 교육, 노인복지, 치안 등에 있어 확대 배정되었고, 지역 커뮤니티 발전을 위한 중단기적 계획을 세우고 지역의 고질적인 문제에 대응하기 위한 근린계획실(Office of Neighborhood Planning)과 근린서비스실(Office of Neighborhood Services)이 신설되었다(표 2 참조). 시민정상회의는 2001년, 2003년, 2005년에도 개최되었으며 각 회의마다 2,000~3,000명의 시민들이 참석하였다. 이외에도 2000년과 2005년에 21세기 타운미팅의 형식을 빌어 각각 청소년 정상회의(Youth Summit)와 LGBT 정상회의(LGBT Summit)가 개최되었다.[1]

2002년 6월 20일, 뉴욕시에서는 9.11 테러로 무너진 세계무역센터(World Trade Center) 지구의 재개발 계획을 논의하기 위해서 21세기 타운미팅 모형을 기반으로 한 Listening to the City를 개최하였고 4,300명의 시민들이 참석하였다(Thananithichot and Satidporn 2011; Lukens-

---

1. DC Citizen Summit, http://www.americaspeaks.org/_archive2016/projects/case-studies/dc-citizen-summit/(검색일: 2018년 8월 10일); The District of Columbia Neighborhood Action Initiative, *https://participedia.net/en/cases/district-columbia-neighbourhood-action-initiative(검색일: 2018년 8월 10일).

<표 2> 워싱턴 D.C. 시민정상회의 개요

	개최시기	참석인원	결과
제1차 시민정상회의	1999년 11월	3,000명	• 교육 예산에 7,000만 달러 추가 • 노인복지 예산에 1,000만 달러 추가 • 1,000개의 마약치료소 신설 • 근린계획실과 근린서비스실 신설
제2차 시민정상회의	2000년 11월	2,000명	• 주택신탁자금에 2,500만 달러 추가 • 시민들의 지역 거버넌스 참여를 돕기 위한 200만 달러 예산 배정
제3차 시민정상회의	2001년 10월	3,000명	• 교육 예산에 20,000만 달러 추가 • 치안 예산에 2,000만 달러 추가 • 20개의 정책안에 직접적으로 영향
제4차 시민정상회의	2005년 11월	2,000명	• 다섯 명의 시장 후보자들이 지속적으로 시민 연계를 위해 노력할 것이라고 발표

meyer and Bringham 2002). 이 회의에서 뉴욕 주지사가 설립하고 담당하는 LMDC(Lower Manhattan Development Corporation)와 세계무역센터 지역의 소유자인 Port Authority(the Port Authority of New York and New Jersey)는 6개의 옵션을 제안했다. 하지만, 참석자들은 모든 옵션에 강하게 반대했다. 3분의 1 이상이 LMDC와 Port Authority의 제안이 야심차지 못하다고 지적했으며, 대부분의 참석자들은 공공용지를 확대하고 9.11 테러를 추모할 수 있는 재개발을 선호했다(Lukensmeyer and Bringham 2002, 359). 이와 더불어 중산층을 위한 주택건설이나 금융에 치중하지 않은 사업 다양성, 일자리 창출, 교통문제 해결 등의 대안들이 제시되었다. 이에 대해 LMDC와 Port Authority의 대표자들과 뉴욕 시장실은 타운미팅에서 나온 제안들을 재개발에 반영할 것이라고 약속했다. 회의 이후에는 818명의 시민들이 온라인을 통해 로어맨하튼(Lower Manhattan) 재개발에 대해서 추가적으로 논의하였다. 그 결과 뉴욕 주정부는 로어맨하튼 교통시설을 재정비하기 위해서 45억 5천

만 달러의 예산을 배정했으며, 상업지구의 면적을 40%를 줄이고 호텔과 소매점들을 상업 지구에 반드시 포함시키기로 결정했다(Lukensmeyer and Bringham 2002, 360).

이처럼 21세기 타운미팅을 적용한 시민정상회의와 Listening to the City를 통해 워싱턴 D.C.와 뉴욕에 거주하는 많은 시민들이 시의 정책에 대해서 직접적으로 자신의 의견을 밝히는 기회를 얻었으며 시 정부는 시민들의 요구사항을 취합하여 정책에 반영했다. 또한 벨로 호리존테시의 디지털참여예산제와는 달리 오프라인에서 소규모 그룹을 기반으로 참석자들이 정책쟁점에 대해 숙의할 수 있는 제도적 장치를 마련되었다. 각 그룹에는 심도 있는 토의를 도와줄 조력자가 배치되었으며 키패드를 통해 자신의 의견을 밝히고 주요 논의 내용과 투표 결과를 회의 장소에 있는 대형 비디오에 공개함으로써 참석자들이 다른 참석자나 정책결정자와 상호소통하고 소규모 그룹 간의 토의를 대규모 토의로 발전시킬 수 있었다.

그렇다면 실제로 21세기 타운미팅을 통해 숙의민주주의가 강화되었는가? 이 질문에 대해서 디아코스티노(Maria J. D'agostino)와 동료들은 2003년 워싱턴 D.C.의 제3차 시민정상회의에 대한 연구결과를 바탕으로 다소 회의적인 반응을 보인다(D'Agostino et al. 2006). 디아코스티로 연구팀은 제3차 시민정상회의에 참석한 20명의 사람들을 대상으로 30분의 면접조사를 실시했으며 그 결과는 다음과 같다.

첫째, 대다수 조사대상자들에 따르면 참석자들은 시민정상회의에서 모두 동등하게 자신의 견해를 밝힐 수 있었으며 특정한 시각이 소그룹 토의를 지배하지 않았다고 한다. 다만, 시민정상회의에서 합의를 너무 강조한 나머지 소수의 의견이 다소 도외시 하는 경향이 있었다는 응답도 있었다(D'agostino et al. 2006, 8).

둘째, 다수의 조사대상자들은 참석자들이 정책 쟁점과 관련하여 자신들의 가치, 가정, 입장 등을 비판적으로 평가하지는 않았다고 대답했다. 즉, 참석자들의 정책에 대한 성찰(reflectivity)이 부족했다는 것이다(D'agostino et al. 2006, 9).

셋째, 시민정상회의가 성공적으로 참석자들의 상호교류를 촉진시키지는 못한 것으로 나타났다. 20명의 조사대상자들 중에서 6명은 시민정상회의를 통해서 규범적 입장에 대한 대화를 허용했으며 서로 간의 차이를 인식할 수 있다고 대답했다. 몇몇 참석자들은 다른 참석자들과 상호교류하기보다는 자신의 견해와 근거를 밝히는 것에 더욱 치중하는 것으로 나타났다(D'agosino et al. 2006, 9-10).

결국, 시민정상회의의 소그룹 토의에서도 벨로 호리존테시의 디지털 참여예산제의 사례와 마찬가지로 참석자들의 일방적인 독백이 주를 이루었다는 것을 알 수 있다. 이처럼 참석자들의 숙의를 도모하는 제도적 장치가 갖추었다고 해도 숙의의 문화가 자리 잡지 않는다면, 타운미팅에 참여하는 참석자들이 정책에 대한 자신의 견해를 비판적으로 검토하고 상대방의 의견을 이성적으로 받아들이는 '성찰'을 기대하기는 어렵다고 볼 수 있다(D'agostino et al. 2006, 9).

5. 결론

본 연구는 정보통신기술의 발전이 로컬거버넌스 차원에서 숙의민주주의를 구축하는 데 기여하는지를 검토하기 위해서 벨로 호리존테시의 디지털참여예산제와 아메리카스픽스가 주도한 21세기 타운미팅을 분석했다. 두 개의 사례 모두 시민들에게 정책결정과정에 참여할 수 있는 기회를 동등하게 주었으며, 정책 쟁점에 대한 논의 역시 외부의 개입 없이 자유롭게 이루어졌다. 또한 시 정부가 참여자들의 결정을 존중하고 이를 정책에 반영했다는 점에서 두 개의 사례가 또 다른 공통점을 가지고 있다. 벨로 호리존테시에서는 시민들이 디지털참여예산제를 통해 시 정부의 프로젝트를 직접적으로 선택할 수 있었으며 워싱턴 D.C.와 뉴욕시에서는 21세기 타운미팅에서 참석자들이 제시한 의견을 바탕으로 교육과 치안 등의 예산이 추가되고 로어맨하튼 재개발 계획을 변경하였다.

하지만, 두 경우 모두 정책에 대한 논의과정에서 시민들의 숙의가 활발히 이루어졌다는 증거는 발견되지 않았다. 특히, 21세기 타운미팅은 참석자들이 정책에 대해 숙의할 수 있는 환경을 조성하기 위해서 참석자들을 소규모 그룹으로 조직하고 훈련된 조력자를 배치하였지만, 디아고스티노의 연구에 따르면 참석자들의 정책에 대한 성찰과 참석자들 간의 상호교류가 부족한 것으로 나타났다(D'agostino et al. 2006).

이는 21세기 타운미팅에서 참석자들이 정책에 대한 심도 깊은 정보를 얻고 서로 간의 공감대를 형성하기에는 그 시간이 너무 짧기 때문이라고 추정해 볼 수 있다. 또한, 21세기 타운미팅이 시의 공식적인 제도로 자리 잡은 것이 아니라 시장의 선호에 따라 단기적으로 도입됨으로써 숙의를 위한 시민문화가 구축되지 못한 것도 참석자들의 숙의가 활발하지 못한 또 다른 이유가 될 수 있다. 그러므로 로컬거버넌스 차원에서 숙의민주주의가 구축되기 위해서는 시민들이 자신들의 의견을 자유롭게 밝히고 서로의 입장을 이해할 수 있는 장기간의 토의를 보장하는 공론장이 지속적으로 유지될 수 있는 제도적 장치가 마련되어야 할 것이다.

참고문헌

김용철·윤성이. 2005. "E-Governance 구축의 전략적 모색: 정책결정과정의 관점에서." 『한국정치학회보』 39(5). 199-214.

김은미·이준웅. 2006. "읽기의 재발견: 인터넷 토론 공간에서 커뮤니케이션 효과." 『한국언론학보』 50(4). 65-94.

김종길. 2005. "사이버공론자의 분화와 숙의민주주의의 조건." 『한국사회학』 39(2). 34-68.

김주성. 2008. "심의민주주인가, 참여민주주의인가?" 『한국정치학회보』 42(4). 5-32.

문신용. 2009. "e-거버넌스와 시민들의 온라인 정책참여: 광역자치단체 사례를 중심으로." 『한국지역정보화학회지』 12(2). 59-84.

문태현. 2011. "심의민주주의적 정책결정을 위한 제도화 방향." 『한국행정논집』 23(1). 45-66.

박승관. 2000. "숙의민주주의와 시민성의 의미." 『한국언론학보』 45(1). 162-194.

윤상오. 2003. "전자정보의 시민참여에 관한 연구." 『전자정부의 시민참여에 관한 연구』 7(1). 79-104.

윤영철·송현진·강기호·박민아. 2010. "숙의민주주의를 위한 온라인 토론의 조건: 평가지표를 적용한 온라인 토론 비교분석." 『사이버커뮤니케이션학보』 27(2). 121-172.

이종혁·최윤정. 2012. "숙의(deliberation) 관점에서 본 인터넷 토론 게시판과 글 분석: 의견 조정성 예측을 위한 다수준모델(multi-level model) 급증." 『한국언론학보』 56(2). 405-435.

조화순·송경재. 2004. "인터넷을 통한 시민 정책참여: 단일이슈 네트운동의 정책결정과정." 『한국행정학보』 38(5). 197-214.

주성수. 2007. "'직접, 대의, 심의' 민주주의 제도의 통합: 주민투표와 주민발안 사례를 중심으로." 『시민사회와 NGO』 5(1). 177-204.

홍성구. 2001. "숙의 민주주의와 인터넷 시민미디어." 『언론과 사회』 9(4). 173-208.

Akerman, Bruce, and James S. Fishkin. 2002. "Deliberation Day." *The Journal of Political Philosophy.* 10(2), 129-152.

Chamers, Simone. 2003. "Deliberative Democratic Theory." *Annual Review of Political Science.* 8, 307-326.

Cohen, Joshua. 1991. "Deliberation and Democratic Legitimacy." In *Deliberative Democracy: Essays on Reason and Politics*, edited by James Bohman and William Rehg. Cambirdge, MA: The MIT Press, 67-91.

D'Agostino, Maria J, Richard W. Schwester, and Marc Holzer. 2006. "Enhancing the Prospect for Deliberative Democracy: The AmericaSpeaks Model." *The Innovation Journal: The Public Sector Innovation Journal.* 11(2), 1-14.

Dahlberg, Lincoln. 2001. "The Internet and Democratic Discourse: Exploring the Prospects of Online Deliberative Forums Extending the Public Sphere." *Information, Communication & Society.* 4(4), 615-633.

Deli Carpini, Michael X., Fay Lomax Cook, and Lawrence R. Jacobs. 2004. *Annual Review of Political Science.* 7, 315-344.

Desantis, Victor S. and David Hill. 2004. "Citizen Participation in Local Politics: Evidence from New England Town Meeting." *State and Local Government Review.* 36(3), 166-173.

Fishkin, James S. 1995. *The Voice of the People: Public Opinion and Democracy.* New Haven, CT: Yale University Press.

Gutmann, Amy, and Dennis Thompson. 1996. *Democracy and Disagreement.* Cambridge, MA: Harvard University Press.

Habermas, Jürgen. 1991. *The Structural Transformation of the Public Sphere.* Cambridge, MA: The MIT Press.

_____. 1998. *Between Facts and Norms: Contributions to a Discourse Theory of Law and Democracy.* Cambridge, MA: The MIT Press.

Lukensmeyer, Carolyn J., and Steve Brigham. 2002. "Taking Democracy to Scale: Creating a Town Hall Meeting for the Twenty-First Centtury." National Civic Review. 91(4), 351-365.

Pateman, Carole. 2002. "Participatory Democracy Revisited." Perspectives on Politics. 10(1), 7-19.

Sampaio, Rafael Cardoso, Rousiley Cecil Moreira Maia, and Francisco Paulo Jamil Almeida Marques. 2011. "Participation and Deliberation on the Internet: A Case Study of Digital Participatory Budgeting in Belo Horizonte." *The Journal of Community Informatics.* 7(1-2), Retrieved from http://ci-journal.org/index.php/ciej/article/view/654 (검색일: 2018년 8월 10일).

Sunstein, Cass R. 2002. "The Law of Group Polarization." *The Journal of Political Philosophy.* 10(2), 175-195.

Thananithichot, Stithorn and Wichuda Saidporn. 2011. "Listening to the City: A Case of Democratic Deliberation." *Journal of Alternative Perspectives in the Social Sciences.* 3(1), 90-103.

Yankelovich, Daniel. 1991. *Coming to Judgment: Making Democracy Work in a Complex World.* Syracuse, NY: Syracuse University Press.